Julius Lachmann

F.H. Jacobi's Kantkritik

Julius Lachmann

F.H. Jacobi's Kantkritik

ISBN/EAN: 9783744648936

Hergestellt in Europa, USA, Kanada, Australien, Japan

Cover: Foto ©Lupo / pixelio.de

Weitere Bücher finden Sie auf **www.hansebooks.com**

ʹ. H. JACOBI'S KANTKRITIK.

INAUGURAL - DISSERTATION

ZUR

ERLANGUNG DER DOCTORWÜRDE

DER PHILOSOPHISCHEN FAKULTÄT

DER

FRIEDRICHS-UNIVERSITÄT ZU HALLE

VORGELEGT

UND NEBST DEN ANGEHÄNGTEN THESEN

AM 18. JULI 1881

UM 11 UHR

ÖFFENTLICH ZU VERTHEIDIGEN

VON

JULIUS LACHMANN.

OPPONENTEN:

JOHANNES MOSER, CAND. THEOL.

HEINRICH MÜLLER, CAND. PHIL.

FRIEDRICH ULLRICH, DR. PHIL.

THESEN.

1.

Jacobi hat die Kritik der reinen Vernunft nicht vor 1783, also ver-
muthlich erst nach dem Erscheinen der „Prolegomena" kennen gelernt.

II.

Jacobi ist zwar der erste gewesen, welcher auf den nicht unerhebli-
chen Unterschied zwischen der ersten und der zweiten Auflage der Kritik
der reinen Vernunft aufmerksam gemacht hat, er darf aber nicht als der
Vorläufer Schopenhauer's in dessen übertriebener Schätzung der ersten
Auflage auf Kosten der zweiten angesehen werden.

III.

Kant hat durch seine Unterscheidung der Gebiete des Empirischen
und des Intelligiblen das Freiheitsproblem in zutreffendster Weise gelöst.

IV.

Sophocles Antig. vv 668—71 sind nicht vor vv 663—67 einzuschieben,
sondern an der Stelle zu belassen, wo sie in den Handschriften stehen.

V.

In der „Yorkshire Tragedy" Sc. I (Doubtful Plays of William Shake-
speare Tauchn. Ed. p. 197. Z. 3 v. o.) ist die Lesart der alten Drucke:
„And I think she was blest in her cradle that he never came in her bed"
die einzig richtige und die Vermuthung Percy's: „she were bl. in h. c.
had he n. come etc." als ein Missverständniss des Zusammenhangs, in dem
sc. I zu dem übrigen Stücke steht, abzuweisen.

VI.

In Edgar Allan Poe's Gedicht „Annabel Lee" ist unter „kinsman"
(Str. 3. Z. 5) ein leiblicher Verwandter und nicht ein Engel zu verstehen,
also kein Grund vorhanden „kinsmen" zu lesen.

VITA.

Julius Lachmann natus sum Sommerfeldae Marchiae in oppido a. d. VI. Id. Jul. h. s. a. L. Fidem profiteor evangelicam. Primis literarum elementis in ludo patriae imbutus primum Cottbusiense deinde per sex annos regium Joachimicum gymnasium Berolinense frequentavi. Maturitatis, quod dicunt, testimonio instructus inde a vere h. s. a. LXIX usque ad autumnum h. s. a. LXXII primum Tubingae, deinde Berolini studiis theologicis operam dedi. Scholas audivi Tubingae: virorum ornatissimorum Beck, Oehler, Merx, Sigwart, Berolini: Dorner, Dillmann, Kleinert, Weingarten, Steinmeyer, Harms, Dieterici. Quibus omnibus viris doctissimis non minus quam iis qui in gymnasio mihi praeceptores fuerunt in primis rectori optimo Kiessling gratum semper animum servabo. Postquam per tres annos maxime venerandorum parentum filios literarum rudimentis instruxi h. s. a. LXXVI Eboracum Novum (New-York) me contuli ubi ad studium linguae anglicae incumberem. Inde cum revertissem, in convictum Magdeburgensem receptus sum, ubi viris maxime a me aestimatis Prof. Gottschick et Dr. Wegener praeceptoribus usus studia theologica et philosophica porro tractavi, ad linguae vernaculae studium primum adductus sum. Atque gaudeo, quod mihi licet eam quam duobus his viris multis rationibus optime de me meritis debeo gratiam publice hoc loco persolvere.

———

Es kann auch für den flüchtigen Leser nicht dem geringsten Zweifel unterliegen, dass eine grosse Zahl der von Jacobi gegen das Kant'sche System gemachten Ausstellungen nur vielfach variirte [und modificirte Wiederholungen des einen grossen Haupt- und Grundeinwandes sind, den als den eigentlichen Haupt - Stein des Anstosses immer und immer wieder Kant vorzuhalten Jacobi nie müde wird: Kant's System in seinem innersten Grunde ist Idealismus. Das ist der alle andern überklingende Grundton der Schriften der ersten Periode und des Allwill, der aber auch durch die ganze zweite Periode hindurch deutlich vernehmbar ist, ja in der dritten sogar wieder heller und durchdringender, in ganz ähnlicher Stärke wie beim Beginn des Kampfes an unser Ohr dringt. *)

Zum vollen Verständnisse dieses Einwandes wird es nöthig sein, uns die wesentlichen Formen, nicht minder auch die verschiedenen Momente desselben, seine Begründung und die aus ihm gezogene Folgerung kurz zu vergegenwärtigen.

Idealismus ist der grade Gegensatz des Realismus. Realismus aber ist diejenige Weltansicht, nach der sowohl wir selbst, als auch die Gegenstände der äusseren Wahrnehmung, als auch die Grundlagen unsres religiösen und sittlichen Daseins, oder die Ideen der Vernunft wirklich existiren, und zwar so, dass wir von ihrer Existenz eine theoretische Gewissheit haben.

Idealismus demzufolge ist jede Weltansicht, die es zu keiner Erkenntniss von der objektiven Realität auf der einen Seite des Subjekts, auf der andern Seite des Objekts, sei es des sinnlichen, sei es des übersinnlichen zu bringen vermag.

---

*) Nach meiner hier nicht näher zu begründenden Ueberzeugung zerfällt die ganze Kantpolemik Jacobi's in drei Perioden, welche, obwohl vermittelnde Glieder durchaus nicht fehlen, sich doch ziemlich scharf von einander absondern.

Die wichtigsten Schriften der ersten Periode sind: 1) die Spinozabriefe. 2) Wider Mendelssohn's Beschuldigungen etc. 3) Idealismus und Realismus mit dem Anhange über den Transcendentalen Idealismus.

Eine Uebergangsstellung nehmen ein die beiden philosophischen Romane: 1 Allwills Briefsammlung und 2) Woldemar.

Zweite, wichtigste Periode unter dem Einflusse der Fichte'schen Philosophie: 1) Jacobi an Fichte. 2) Ueber das Unternehmen des Kriticismus die Vernunft zu Verstande zu bringen.

Dritte Periode: 1) Von den göttlichen Dingen. 2) Vorrede zum II. Bande der „Werke".

Kant's Philosophie verschafft uns Kunde nur von Erscheinungen, nicht von realen Objekten, folglich ist sie Idealismus.

Den drastischsten Ausdruck findet der Vorwurf des Idealismus nach dieser Seite hin in der Charakterisirung seiner Erkenntnissobjekte als Gespenster, Spükedinger u. s. w., Schein, Wahn, Nichts dahinter für uns, lauter an sich Nichts, etwas das weder die Seele selbst noch andre Dinge sind, ein nicht Nichts, ein X (Raum und Zeit sind ein zwiefacher Hexenranch); des Erkennens selbst als eines Verzichtens darauf irgend etwas wahrhaft zu erfahren. An dieser Stelle erinnere man sich auch des bekannten Regressus, durch welchen Jacobi den Idealismus d. h. die Nichtigkeit des Kant'schen Erkennens erläutert. (Werke III, 115). Die Vernunft, das oberste Erkenntnissvermögen, beruht auf dem Verstande, dieser auf der Sinnlichkeit, diese auf der Einbildungskraft, oder genauer: Der Verstand zuerst auf der Einbildungskraft, diese auf der Sinnlichkeit, und diese wieder auf der Einbildungskraft; das objective und das subjective X, mit dem gemeinschaftlichen letzten X, auf welches beide verweisen, können keine Bedeutung für die Theorie des Erkennens haben, da Nichts aus ihnen erkannt werden kann.

Nicht anders verhält es sich mit der Kant'schen Philosophie rücksichtlich der übersinnlichen Objekte der Erkenntniss. Die Vernunftideen sind blosse Hirngespinste, nicht einmal denkbar möglich, das an sich Gute, Wahre und Schöne nur Kategorien der Verzweiflung. Also auch nach dieser Seite hin ist sie Idealismus.

Die ganze sogenannte objective Erkenntniss reducirt sich also bei Kant auf ein sich selbst Erkennen des Subjekts. Mit dem Auge sehen wir nur das Auge, mit dem Ohre hören wir nur das Ohr, kurz: alle unsre Sinne nehmen nur sich selbst wahr. Wir empfinden bis zum Mittelpunkte der Empfindung nichts als Empfindung. Die Grundbegriffe des Verstandes gehen aus einem in sich fertigen Verstande hervor, sind blosse Vorurtheile des Verstandes. Der Mechanismus des Denkens wird auf die Natur blos übertragen. Grenze und Gesetz der Imagination sind zugleich Grenze und Gesetz der Erfahrung. Das ganze Erkennen ist also ein blindes Rechenspiel des Verstandes mit sich selbst. Nur das ist wahr, was der Verstand aus sich selber construiren kann.

Der Idealismus, der kein wahres Objekt anerkennt, ist also absoluter Subjectivismus. Da aber das Wachen nothwendigerweise an der Realität der Aussenwelt orientirt sein muss, so ist der absolute Subjectivismus ein Traumzustand, Somnambulismus, der Idealismus ist ein träumender, das

Eigenthümliche dieses philosophischen Schlafes das nur immer fester sich
Hineinträumen. Der absolute Subjectivismus d. h. die Lehre, die nur ein
Ich kennt, alles auf dasselbe bezieht und zurückführt, ist nichts Andres als
speculativer Egoismus. Wie der Spinozismus alles auf ein absolutes Objekt zurückführt, so dieser Idealismus alles auf ein absolutes Subjekt, er
ist also verklärter Spinozismus.

Dabei bleibt aber der Kantianismus nicht stehen, ja, er kann nicht
dabei stehen bleiben. Aus dem halben Idealismus, der entweder ein oberer
oder ein unterer sein kann, wird ein voller und ganzer, aus dem Zwillings-
idealismus ein einfacher und durchgängiger.

Ja, durch die Auflösung des Objekts wird auch das Subjekt bedeu-
tungslos, das Subjekt ist schliesslich auch nur ein Blendwerk. Kant's Lehre
ist also Idealismus nach jeder Richtung hin, im vollsten Sinne des Begriffs,
der kräftigste, der gedacht werden kann. Von diesem Standpunkte des
vollen und ganzen Idealismus vermag er nun sogar den halben und unvoll-
ständigen zu vernichten.

Kant's Lehre ist ein System der absoluten Unwissenheit subjektiv,
des absoluten Nihilismus objektiv betrachtet. Eine solche Philosophie
aber ist eine unnatürliche und heillose. Gegen sie muss man sich mit allen
Kräften wehren, gegen sie mit der ganzen Macht seiner Individualität auf-
treten, gegen sie muss man seine ganze Persönlichkeit in die Wagschale
werfen. (Der letztere Gedanke erscheint allerdings bei Jacobi nicht sowohl
als Lehre, sondern durchzieht vielmehr als beständig geübte Praxis seine
sämmtlichen Streitschriften.)

Die nothwendige Folge aber von einem so consequent idealistischen
Systeme ist die folgenschwere Verwechslung resp. Identificirung der für
Leben und Erkenntniss fundamentalen Verhältnisse von Grund und Folge
einerseits, von Ursache und Wirkung andrerseits. Die Identification beider
von Leibnitz—Wolff gelehrt, von Jacobi als Quell wichtiger Irrthümer auf-
gedeckt und widerlegt, ist von Kant nicht nur wieder aufgenommen, sondern sogar gerechtfertigt worden.

Dass der Gegensatz von Idealismus und Realismus der prinzipiellste
Punkt der Veruneinigung zwischen Jacobismus und Kantianismus sei, dass
also der Vorwurf des Idealismus der Haupt- und Grundeinwand Jacobi's
gegen Kant sein muss, darüber ist sich Jacobi selbst völlig im Klaren·
So fest er von der Aehnlichkeit der beiderseitigen Weltansicht überzeugt
ist, so genau er die Coinzidenzpunkte beider kennt, so scharf er die

erkannten an verschiedenen Stellen seiner Schriften hervorhebt, so klar ist
er sich doch auch darüber, dass eben diese verschiedene Grundlage ihres
Denkens, dieser fundamentale Gegensatz zwischen Realismus auf Jacobi's
und Idealismus auf Kant's Seite, sie trotz aller ähnlichen Resultate, die
sie beide von den Coïnzidenzpunkten aus nach Vorwärts erreichen mögen,
doch im letzten Grunde durch eine nicht zu überbrückende Kluft für ewig
scheidet. Nehmen wir zu diesem Bekenntnisse die auch im Vorausgehenden
angedeutete Subjektivität der ganzen Polemik, das Einsetzen der Persönlichkeit, die stete Beziehung auf die Bedürfnisse des Menschen, so werden
wir wohl nicht fehlgehen, wenn wir diesen subjektiven prinzipiellen Gegensatz für das treibende Motiv der ganzen Polemik, für den Nerv aller folgenden Einwände ansehn, wie sehr diese auch an sich, entkleidet ihrer
eigenthümlichen, immer individuell und subjektiv beeinflussten Form, oft
den Anschein erwecken mögen, als seien sie der Ausfluss einer rein sach-
lichen, unvoreingenommenen Polemik.

Wenn wir nun den noch vor uns liegenden, bei Weitem mannich-
faltigeren polemischen Stoff unter der einen Firma: „Widerspruchsvoller
Charakter des Kant'schen Systems" vereinigen, so werden wir um so we-
niger erwarten dürfen damit auf erheblichen Widerstand zu stossen, da
Jacobi selbst in unzweideutigster Weise uns diesen Gesichtspunkt an die
Hand gegeben hat.

Der Haupt- und Grundwiderspruch nun des Kant'schen Systems, aus
dem nach der Meinung Jacobi's alle Fehler desselben mit Nothwendigkeit
resultiren, ist in dem schon in einem Briefe an Hamann angedeuteten, in der
Abhandlung über den transcendentalen Idealismus deutlich ausgesprochenen
Satze enthalten: dass man ohne die Voraussetzung eines wirklichen Objekts nicht in das System hineinkomme, mit derselben aber in ihm nicht
verharren könne. Der Begriff der Erscheinung, einer der Grundbegriffe
des Systems, ist undenkbar ohne Voraussetzung eines erscheinenden Dinges.
Da der Begriff desselben aber nur gewonnen wird durch einen auf dem
Causalitätsgesetze beruhenden Schluss, dieses Gesetz aber nach ausdrücklicher, grundlegender Lehre des Systems nicht über die Erscheinungswelt
hinausgeht, so steht die Gewinnung des nothwendigen Begriffs vom Ding
an sich mit dem ebenso nothwendigen Begriff von der nur empirischen
Geltung des Causalitätsgesetzes in unversöhnlichem Widerspruche. Es ist
nur eine andre Form dieses Grundwiderspruchs, wenn Jacobi bei andrer
Gelegenheit von einer Kryptogamie des Subjekts mit dem Objekt, von einem
zugleich empirischen und apriorischen Charakter des Systems spricht.

In der Behauptung dieses zugleich empirischen und apriorischen Charakters des Systems geht der Schluss der Koeppen'schen Ausarbeitung (im „Unternehmen des Kriticismus u. s. w.") so weit, das ganze System als ein Muster des Empirismus hinzustellen, in dem nicht nur die Existenz des Dinges an sich erfahrungsmässig, in Uebereinstimmung mit dem Naturglauben behauptet, sondern in dem auch die dem Ganzen so eigenthümlichen Grundformen der Sinnlichkeit und die Kategorien des Verstandes aus der Erfahrung aufgenommen werden, ohne dass Kant darüber Rechenschaft geben kann, warum wir gerade nur zwei Formen der Anschauung, nur zwölf Stammbegriffe des Denkens aufzuweisen haben. Von diesem Standpunkte aus angesehen erscheint dann der ganze Apriorismus des Systems, der demselben als wissenschaftlichem seinen Werth verleiht, nur als ein Heiligenschein, der die zu Grunde liegende empirische Basis so überstrahlt, dass man sie bei weniger sorgfältiger Prüfung wohl gar übersehen kann. Ja, der Empirismus geht so weit, dass Kant an dem blossen Naturglauben nicht genug hat, sondern sogar einen Beweis desselben versucht. Dies ist der Punkt, von dem aus Jacobi auf die Kritik der Kant'schen Widerlegung des Idealismus geführt wird. Der eigentliche Widerspruch aber in dieser Widerlegung besteht ihm darin, dass Kant etwas zu beweisen unternimmt, dessen Unbeweisbarkeit er consequenterweise behaupten musste.

Dieser Grundfehler des Systems, seine „Zweiendigkeit", verursacht seine Uneinigkeit mit sich selbst, und diese wiederum seine Zweideutigkeit, die sich bis in das Einzelne des Systems, seine Begriffsbestimmung, ja seine Ausdrucksweise erstreckt. Als Beispiel für eine solche Zweideutigkeit wird die Bestimmung der Begriffe von Zeit und Raum angeführt. Ausser den beiden Begriffen gemeinsamen Widersprüchen enthält der Begriff der Zeit noch ganz besonders den der Zweideutigkeit und Vielendigkeit in seiner Stellung im Ganzen des Systems.

Verfolgen wir nun die Zweiendigkeit der Grundlage in das System hinein, so folgt aus ihr zunächst die Unbestimmtheit und das in sich Widerspruchsvolle seiner Grundbegriffe.

Die Sinnlichkeit weist nothwendig auf ein reales Substrat hin, von dem sie aber doch in Wahrheit Nichts offenbart. Dasselbe gilt von den Begriffen Erscheinung und Anschauung.

Der Verstand ist zugleich synthetisch und analytisch, während er doch nur das letztere sein kann. Er ist ein Vermögen zugleich des Urtheilens und des Begreifens, und zwar des ersteren vor dem letzteren.

Mit diesem vielfach ausgeführten Einwurfe im engsten Zusammenhange steht der andere, dass Kant das Bestimmte aus dem Unbestimmten, das Besondere aus dem Allgemeinen herleiten wolle, während doch das Besondere und Individuelle das Ursprüngliche, in Wahrheit Existirende sei, aus dem der Verstand durch immer weitere Verallgemeinerung eine Identität hervorzubringen bemüht ist.

Die Vernunft ist auf der einen Seite nur ein verallgemeinerter Verstand, ihre Ideen nur ins Unendliche verallgemeinerte Begriffe; auf der anderen Seite doch wieder die Grundlage und das Vermögen des an sich Wahren, der nothwendigsten und gewissesten Erkenntnisse.

Die Einbildungskraft ist zugleich produktiv und reproduktiv.

Die Einheit der Apperception ist unabhängig von allen sinnlichen Bedingungen und doch nur in der Anschauung gegeben.

Nicht genug aber, dass die Begriffe der Grundvermögen in sich selbst widerspruchsvoll und unbestimmt sind, ihr gegenseitiges Verhältniss ist nicht minder unklar und voll Widerspruch.

Das Verhältniss von Verstand und Sinnlichkeit ist falsch gefasst. Vor allen Dingen aber der Kritik ausgesetzt ist das Verhältniss von Verstand und Vernunft. Implicite wird der Verstand der Vernunft untergeordnet, explicite aber die Vernunft dem Verstande. Die zahlreichen parallelen Wendungen dieses Gedankens in Jacobi's Schriften liegen zu sehr auf der Hand, um hier einzeln wieder aufgezählt zu werden.

Die am ausführlichsten beleuchteten Widersprüche aber sind die in der Behauptung eines reinen Mannichfaltigen und einer reinen Synthesis enthaltenen.

In keiner der drei Grundeinheiten des Systems: Raum, Zeit, reines Bewusstsein, findet sich ein reines Mannichfaltiges. Die Schwierigkeit ein solches zu erzeugen, die Schwierigkeit eines ersten An- und Absetzens ist in Beziehung auf alle drei „Reinen" die gleiche. Wenn es doch in ihnen gefunden wird, so geschieht es nur durch eine Reminiszenz aus der Empirie, die man aber in der apriorischen Entwicklung durchaus nicht Wort haben will.

Ohne ein reines Mannichfaltiges giebt es aber keine reine Synthesis. Denn eine solche ist nicht möglich ohne eine reine Antithesis, die eben mit einem reinen Mannichfaltigen steht und fällt.

Wäre aber in einer der drei Einheiten ein reines Mannichfaltiges wirklich vorhanden, so wäre es doch als ein geeintes schon gegeben, da es ja eben nur in einer jener Einheiten vorkommen könnte. Sollte aber auch diese Schwierigkeit nicht gelten, so wäre schliesslich keine jener Einheiten für das Mannichfaltige der andern eine Synthesis selbst (da sie ja keine Antithesis enthält), sondern nur eine Einheit für die Synthesis.

Dies sind, soviel ich sehen kann, die Momente, in denen die Polemik gegen das reine Mannichfaltige und die reine Synthesis hauptsächlich verläuft.

Zur Selbsttäuschung in Bezug auf die scheinbare Hervorbringung eines reinen Mannichfaltigen dient für Kant der Begriff einer reinen Bewegung. Das ist aber ein weiterer Widerspruch des Systems. Auch der Begriff der Bewegung ist im Grunde ein blos empirischer, der nur mit dem Heiligenscheine des Apriorismus nachträglich nothdürftig bekleidet wird, um vermöge desselben in das System eingeschmuggelt zu werden.

Diese Widersprüche, so dürften wir schliessen, sind aber dem Kant-schen Systeme nicht etwas Zufälliges, sondern sind jedem aprioristischen Systeme unvermeidlich. Ein rein aprioristisches System ist eben eine Unmöglichkeit. Die Grundaufgabe des Kant'schen Systems bleibt ungelöst, weil sie nicht gelöst werden kann. Eine rein apriorische Synthesis wäre ein Erschaffen aus Nichts. Ein rein apriorisches System wäre nur dann möglich, wenn wir das All aus uns rein zu erschaffen vermöchten.

Bisher haben wir immer nur die Einwürfe Jacobi's gegen die theoretische Philosophie Kant's im Auge gehabt. Sie ist auch in der That seiner Polemik am meisten unterstellt. Die Grundsätze seiner praktischen Philosophie zeigten die Geistesverwandtschaft beider Denker so deutlich, Jacobi fühlte sich so glücklich in Bezug auf dieselben mit dem grossen, verehrten Meister in Königsberg so nahe übereinzukommen (Werke 1. 297 ff.), dass er fast ausschliesslich im „Unternehmen" und zwar auch da nur in der Koeppen'schen Ausarbeitung, und auch da nur ziemlich kurz und durchaus nicht auf das Ganze derselben eingehend sich gegen dieselbe vernehmen lässt.

Abgesehen von einigen gelegentlichen Aeusserungen über den kategorischen Imperativ, dass er nämlich einerseits nicht so geheimnissvoll und unbegreiflich sei, als es nach Kant den Anschein habe, andrerseits aber auch nicht dazu dienen könne die Lückenbüsser der theoretischen Vernunft zu Bedingungen der Realität der Gesetze der praktischen zu machen — abgesehen von diesen Bemerkungen gruppiren sich die Einwände gegen Kant's praktische Philosophie um dieselben beiden Brennpunkte, die wir für die Bekämpfung seiner theoretischen Philosophie als massgebend gefunden haben.

1) Die Vernunftideen, speziell die der Freiheit, kommen auch in der praktischen Philosophie zu keiner wahrhaften Realität. Ihre etwas

veränderte Haltung ist ein Erzeugniss persönlichen Bedürfnisses. Der Wille, welcher Nichts will, die hohle Nuss der Selbstständigkeit und Freiheit genügen dem Realisten nicht.

2) Der widerspruchsvolle Charakter auch der praktischen Philosophie Kant's wird an zwei Begriffen nachgewiesen, an dem der Freiheit und dem der Glückseligkeit.

In Bezug auf den Freiheitsbegriff tritt allerdings noch ein Moment hinzu. Dass die Freiheit nach Kant nichts Anderes sei, als blinde Willkür, ist im Sinne Jacobi's noch ein gewichtigerer Einwand, als dass ihr Begriff an verschiedenen Stellen nicht ganz übereinstimmend definirt werde.

Den Widerspruch im Glückseligkeitsbegriffe hier auseinanderzusetzen, würde müssige Wiederholung sein, da sich alles darauf bezügliche an ein und derselben Stelle, nämlich am Schlusse des „Unternehmens", vereinigt findet.

Wenn Jacobi am Schlusse seiner Kritik der Kant'schen Sittenlehre gewissermassen das Ergebniss in dem Gedanken zusammenfasst, dass Kant die Gegenstände der Moral und der Religion aus blossen Begriffen begründen will, so giebt uns dieser Gedanke auf die ganze Philosophie Kant's ausgedehnt etwa in der Form, wie wir sie bei Jacobi finden: „Kant bemüht sich seine unmittelbare Gewissheit in eine wissenschaftlich vermittelte zu verwandeln", den Schlüssel für die ganze Kant - Polemik Jacobi's. Er lässt uns einen Blick in das innerste Herz Jacobi's thun und zeigt uns, dass wir Recht hatten, wenn wir als das treibende Motiv aller Einwürfe gegen die Kant'sche Philosophie in Jacobi seinen Individualismus, seine Persönlichkeit, seine Unmittelbarkeit annahmen. Jacobi, der fühlende, dem das Herz der Massstab des wissenschaftlichen Erkennens und des sittlichen Handelns ist, kann es nicht verstehen, muss sich feindlich berührt und zum Kampfe herausgefordert fühlen, wenn Kant alles das, was dem Menschen unmittelbar im Herzen, im heiligen Grunde des Gefühls gewiss ist, zu einer vermittelten Erkenntniss machen will. Was Kant für nothwendige Pflicht des denkenden Menschen hält, ist für Jacobi eine Entweihung des Heiligsten.

Wenn wir nun daran gehen die im Vorausgehenden kurz und übersichtlich dargestellten Einwürfe einer Beurtheilung zu unterziehen, so halte ich es für das Zweckmässigste der besseren Orientirung wegen die wesentlichsten Resultate unsrer Kritik gleich vorweg zu nehmen. Sie sind kurz diese:

Die Jacobi'sche Polemik verfehlt in allen wesentlichen Punkten ihr Ziel, da sie abgesehen von Einzelheiten für den wahren Kern des Kant'schen

Denkens kein Verständniss hat. Die wahre Meinung Kant's ist sowohl im Grossen und Ganzen als sogar in wesentlichen Einzelheiten missverstanden. Selbst Versehen gröbster Art in der grammatischen Construktion und Auffassung Kant'scher Sätze sind nicht ausgeschlossen. Es ist durchaus richtig, was K. Fischer im Stile der Leibnitz'schen Philosophie von Jacobi im Verhältniss zu Kant sagt: Jacobi sei Kant gegenüber die niedere Monade, welche die höhere nur verworren darzustellen vermöge.

Allerdings ist dieses Missverständniss Jacobi nicht als ein persönlicher Mangel an Scharfsinn oder der Fähigkeit sich in die Gedanken andrer hineinzuversetzen anzurechnen. Vielmehr besass er diese Eigenschaften in hohem Masse, zeichnete sich sogar vor den meisten seiner Zeitgenossen durch dieselben aus. Sein Missverständniss Kant's ist vielmehr kein anderes als das nicht nur zu seiner Zeit sondern auch noch bis in die Gegenwart hinein geläufige, ein Missverständniss, welches beim Entstehen einer so total neuen Lehre natürlich, man möchte fast sagen nothwendig war, welches zu seiner Beseitigung erst einer längeren geschichtlichen Entwickelung bedurfte.

Es ist dasselbe ein doppeltes. Beide Seiten desselben in ihrer Vereinzelung bis in die neueste Zeit hinein vertreten bewirken in ihrer Vereinigung bei Jacobi, dass er dem wahren Kant nicht gerecht zu werden vermag. Einerseits nämlich ist ihm der transcendentale Idealismus eine neue Metaphysik, andererseits eine neue Psychologie. Vielleicht noch besser: Statt Kant's Kriticismus seinem positiven Gehalte nach als neue Erkenntnisstheorie zu verstehen und zu würdigen, fasste er seine Bestimmungen einerseits als Beiträge zu einer neuen dogmatischen Metaphysik, andrerseits als psychologische Ausführungen. Beides ist falsch, beides lag aber dem Leibnitz - Wolffisch geschulten Denker nahe. Ja, man darf wohl sagen, dass Kant selbst sich nicht immer der Grenzlinie zwischen Erkenntnisstheorie auf der einen, Metaphysik und Psychologie auf der andern Seite klar bewusst gewesen ist, also zu diesem Missverständnisse in gewissem Masse selbst beigetragen hat.

Die Doppelseitigkeit des Missverständnisses steht in engem Wechselbezuge zu der hervorgehobenen Doppelseitigkeit der Einwände. Der Vorwurf, das Kant'sche System ist Idealismus, beruht gänzlich auf der Auffassung desselben als einer neuen Metaphysik. Die vermeintlichen Widersprüche des Systems beruhen wenigstens zum grössten Theil auf der Auffassung seiner Ausführungen als psychologischer. Die Einwände der ersteren Art richten sich im Wesentlichen gegen die Kant'sche Bestimmung des Dinges an sich, die der letzteren gegen die Kant'sche Deduktion der Kategorien.

Wir dürfen es gewiss als eine allgemeingültige, keines Beweises mehr bedürftige Behauptung hinstellen, dass Kant's System nicht in der Kritik der reinen Vernunft allein niedergelegt ist, zu der dann die Kritik der praktischen Vernunft um irgend einem weiteren Zwecke zu genügen nur hinzugefügt wurde, gewissermassen als ein Anhängsel, das nun mit dem eigentlichen Systeme sich nicht recht vereinigen lassen will. Vielmehr ist die Kritik der praktischen Vernunft ein integrirender, von vornherein in den Plan aufgenommener Bestandtheil des Systems. Ja, nicht einmal die Vereinigung beider vollendet dasselbe, sondern ebenso nothwendig für das Ganze ist der dritte Theil desselben, die Kritik der Urtheilskraft. Erst in der Dreiheit der Kritiken gewinnt der Kriticismus seine Einheit. Und enthalten die beiden ersten die grossen Grundlagen, die Fundamente der Kant'schen Weltansicht, so bildet die Kritik der Urtheilskraft den Schluss-stein des Ganzen, in dem alles vorher noch scheinbar Disparate und Wi-derspruchsvolle seine völlige Ausgleichung, seine innere Harmonie findet.

Dass Jacobi Kant im Wesentlichen missverstanden hat, dass seine Polemik also in ihren wesentlichen Punkten von vornherein voraussichtlich eine irrthümliche werden musste, erhellt schon daraus, dass er von dem Ineinandergreifen der drei Hauptwerke Kant's keine Ahnung hatte. Ueber das Verhältniss von praktischer und theoretischer Vernunft sind seine Ur-theile mindestens schwankend. Auf der einen Seite sieht er wohl ein, wie das praktische System Kant's dem Verfasser schon von vornherein, auch schon bei Abfassung der Kritik der reinen Vernunft in seiner Grundlage feststand, dass also beide Werke in der Meinung ihres Urhebers als ein Ganzes beabsichtigt waren; auf der andern Seite aber hat er doch für die eigenthümliche selbständige Bedeutung der praktischen Philosophie als Glied des Ganzen kein Verständniss. Daraus erklärt sich wenigstens zum Theil auch die geringe Berücksichtigung, welche die Kritik der praktischen Vernunft in Jacobi's Polemik erfahren hat, dass sie wesentlich nur an einer Stelle und auch da nur in der Gestalt eines blossen Appendix zur Bespre-chung kommt. Noch viel auffallender aber, und höchst charakteristisch für Jacobi ist seine gänzliche Nichtberücksichtigung der Kritik der Urtheils-kraft. Wohl hat er dieselbe gelesen, wie an sich selbstverständlich ist und ausserdem durch gelegentliche Citate bewiesen wird, aber die aus derselben angezogenen Stellen sind ausschliesslich solche, in welchen über die Resul-tate der andern Kritiken nicht hinausgegangen wird. Jacobi hätte die betreffende Meinung ebensogut aus den beiden andern Kritiken belegen können. Die citirte Stelle der Urtheilskraft empfiehlt sich nur durch grössre

Deutlichkeit oder andre ähnliche äusserliche Vorzüge. Das Wesentliche, Eigenthümliche derselben wird, soweit ich sehen kann, niemals auch nur berührt. Von irgend welchem Verständnisse des Buches als des Schluss-steins des kritischen Gebäudes, welcher die beiden Grundpfeiler desselben harmonisch verbindet, ist bei ihm gewiss keine Rede.

Wenn wir nun abgesehen von diesem Mangel an Einsicht in Kant's Philosophie in ihrer Gesammtheit die Jacobi'sche Polemik in ihrem wirk-lichen Bestande, d. h. in ihrer Berücksichtigung nur der theoretischen Phi-losophie Kant's und allenfalls ihrer Verbindung mit der praktischen in's Auge fassen, wenn wir also jene beiden Haupteinwürfe, die wir vorhin namhaft machten, ganz im Allgemeinen betrachten, sollte es uns nicht auffallen, dass dieselben eigentlich mit einander im Widerspruch stehen? Kant's System ist Idealismus, das Muster des Idealismus, ganzer Idealis-mus gegenüber dem halben des Berkeley u. s. w. und doch ist dasselbe System eine Mischung von Empirismus und Idealismus, ja so sehr Empiris-mus, dass der ganze Idealismus desselben nur ein Schein, wenn auch ein Heiligenschein, um die empiristische Grundlage ist, ja noch mehr, dass es das Ideal des Empirismus ist.

Wohl könnte ein System zugleich Idealismus und widerspruchsvoll sein, dann müssten aber die Widersprüche im Idealismus selbst begründet sein, es müsste das Wesen der idealistischen Weltansicht als einer in sich selbst widerspruchsvollen dargethan werden. (Jacobi selbst streift in einzel-nen Stellen daran dies zu erkennen.) Wenn aber behauptet wird, dass das idealistische System, welches als solches verdammt und als den Bedürfnissen des Menschen nicht entsprechend oder Genüge leistend verurtheilt wird, nun schliesslich doch eigentlich kein Idealismus sondern Empirismus ist, nun dann ist es doch eben kein reiner Idealismus, und die Nachtheile, die von einem solchen für die Zwecke der Menschheit erwartet wurden, können dann eben nicht, wie gefürchtet war, durch dasselbe verursacht werden. Man könnte das Wort Jacobi's, welches er gegen den Idealismus sagt, mit leichter Aenderung gegen ihn selbst kehren: Jacobi widerlegt zu viel und darum widerlegt er Nichts. Ich meine, dass eine solche Polemik von vorn-herein in den Verdacht gerathen muss, eine unklare zu sein, die das punctum saliens der Irrthümer des Gegners nicht erfasst hat, ja, es wird die Ver-muthung in uns entstehen, dass jenes angegriffene System, welches zugleich reinster Idealismus und doch wieder das Ideal des Empirismus sein soll, eben keines von beiden ist, sondern ein Neues, welches sich unter keine von diesen beiden Kategorien endgültig subsumiren lässt, dass dem Beurtheiler nur das Organ gefehlt habe, dieses Neue in seiner Eigenthümlichkeit zu erfassen.

Doch weiter! Jacobi selbst scheint das Eigenthümliche dieser Zweiseitigkeit seiner Einwände gefühlt zu haben: er sucht das Auffallende, was dieselbe nothwendig an sich haben muss, dadurch zu mildern, dass er zwischen dem Geiste und dem Buchstaben der neuen Lehre scheidet, nach dem einen sei sie Idealismus, nach dem andern Realismus. Nur schade, dass er sich nicht klar darüber ist, welches der Geist, welches der Buchstabe des Systems sei. Zuerst nennt er den Idealismus den Geist, also doch wohl das Kleben am Realen den Buchstaben; später bezeichnet er gerade umgekehrt den Idealismus als den Buchstaben des Systems, den Realismus als den eigentlichen Geist desselben, der Kant verhindert habe schon selbst die Consequenz zu ziehen, welche später die Identitätsphilosophie zog. Oder sollte vielleicht eine Entwickelung von der einen zur andern Anschauung im Laufe der Jahre stattgefunden haben? Die eine Auffassung finden wir nahe am Anfange, die andere ebenso nahe am Ende von Jacobi's Schriftstellerthätigkeit. Würde das aber nicht ein neuer Beweis dafür sein, dass Jacobi's Gesichtspunkt von vornherein ein verunglückter war, von dem aus er den Gegner schief auffassen musste, dass mindestens der Vorwurf des Idealismus keine rechte Haltung hat und dass der eigentliche Streitpunkt das Widerspruchsvolle zwischen idealistischen und realistischen Elementen in Kant's Philosophie hätte sein sollen? Der Vorwurf des Idealismus erscheint aber neben dem andern nicht nur als ein völlig ebenbürtiger, sondern gemäss der persönlichen Ueberzeugung Jacobi's als der bei Weitem Wichtigere und Bedenklichere. Und mit Recht! Denn zu dem Vorwurfe des inneren Widerspruchs zwischen idealistischem Buchstaben und realistischem Geiste war Jacobi eigentlich wenig berechtigt. Im Grunde verurtheilte er damit ja sich selbst. Denn er hatte ja ausdrücklich anerkannt, dass noch in höherem Grade als der Spinozismus der Idealismus, jener verklärte Spinozismus, das einzig consequente wissenschaftliche System sei, hatte sich von da aus mit Fichte völlig einig erklärt, demselben das höchste, uneingeschränkteste Lob gezollt. Wenn er selbst ein wissenschaftliches System hätte aufstellen wollen, so hätte es kein anderes sein können als ein idealistisches. Dieses System hätte aber den Grundlagen seiner Philosophie (Jacobi unterscheidet streng zwischen Wissenschaft und Philosophie) nicht gerecht werden können, und die war ihm doch gewisser als alle systematische Wahrheit, obwohl er die Nothwendigkeit der Wissenschaft für gewisse Zwecke nicht läugnen konnte. Er persönlich fühlte sich nur zur Ansarbeitung eines Systems der Wissenschaft nicht berufen, da er in der Verkündigung und Verbreitung der wahren Philosophie seine höhere Aufgabe sah. So klebte seinem Denken ganz genau derselbe Widerspruch, derselbe Dualismus von Idealismus und Realismus an, den er Kant zum Vorwurfe machte. Was ihn von Kant unterschied, das einzige also, was er Kant hätte zum Vorwurfe machen können, was er ihm auch gegen Ende seiner Laufbahn wirklich zum Vorwurfe machte, war allein dies, dass er selbst sich mit diesem eingestandenen Dualismus begnügte, in dem unumwundenen Eingeständnisse desselben das Ende aller Weisheit erblickte, während Kant versuchte die widerspruchsvollen Faktoren durch eine höhere Einheit zu umfassen, oder wie Jacobi sich ausdrückt „sich bemüht die unmittelbare Gewissheit in eine wissenschaftlich vermittelte zu verwandeln", oder „die Gegenstände der Moral aus blossen Begriffen zu begründen." Aber selbst dies that Kant durchaus nicht in der Weise wie es zufolge den citirten Aussprüchen Jacobi erschien. Auch bei Kant blieben die unmittelbaren Erkenntnisse unmittelbare, nur versuchte er das unvermittelte auf das geringste Mass zu reduciren und dem schliesslich als unmittelbar anzuerkennenden seinen nothwendigen Platz im Ganzen der Weltansicht anzuweisen.

Nach dieser allgemeinen Beleuchtung des Charakters der Jacobi'schen Polemik, der uns als ein durchaus schwankender und proteusartiger erscheint, wenden wir uns nunmehr zu der Betrachtung und Prüfung des Einzelnen, zunächst der beiden Haupteinwürfe, eines jeden in seiner Gesammtheit.

Also Kant's System ist Idealismus und darum verwerflich!

Wir fragen zunächst, warum eine idealistische Weltansicht denn schon an und für sich verwerflich sei. Jacobi ist nicht verlegen uns zu antworten, weil sie zum Subjektivismus, ja zum Nihilismus führt, d. h. zu Consequenzen, die den nothwendigsten Bedürfnissen des Menschen widersprechen. Und in der That, könnte es evident gemacht werden, dass irgend eine Weltansicht auf ein absolutes Nichts hinausliefe, so wäre sie damit gerichtet, denn sie hätte sich damit als in sich selber widerspruchsvoll erwiesen. Jede Weltansicht, welche sie auch immer sein möge, setzt die Existenz mindestens des Denkens voraus. Kommt sie zu dem Resultat, dass absolut Nichts ist, d. h. auch das Denken nicht ist, nun so widerspricht dieselbe ihrer ersten Voraussetzung und ist deshalb verwerflich. Wenn wir uns aber der Ausführungen Jacobi's erinnern, so begegnen wir nicht sowohl dieser Wendung des Einwurfs als vielmehr der andern, subjektiven, dass der Mensch mit einer Weltansicht, die zu einem Nichts führe, nicht leben könne. Das Nichts, welches für Jacobi die Consequenz des Idealismus ist, muss also ein anderes sein als das absolute Nichts, wodurch die Ansicht in sich selbst widerspruchsvoll würde. Der Idealismus führt zu einem absoluten Nichts heisst im Sinne Jacobi's nur: Die Realität, die der Idealismus übrig lässt, genügt mir, dem Menschen Fr. H. Jacobi, nicht um damit zu leben. Es ist klar, dass dadurch der Idealismus nicht widerlegt ist. Aber selbst angenommen, die Consequenz wäre nicht jene subjektive, welche nach meiner Auffassung die wirklich Jacobi'sche ist, gesetzt sie wäre die objektive, dass der Idealismus in seinen Resultaten das sittliche Leben der Menschheit unmöglich mache, so wäre auch dadurch der Idealismus als Weltanschauung noch nicht widerlegt. Wir würden uns, wenn diese Consequenz richtig wäre, zu einem Zwiespalte zwischen Welterkennen und Sittlichkeit bekennen müssen, der uns entweder zur Verzweiflung oder zur skeptischen Geringschätzung unsres Erkenntnissvermögens führen würde. Der Idealismus als Weltansicht wäre aber damit nicht überwunden. Mit andern Worten· Keine Weltansicht, auch nicht die idealistische, kann durch blosse Ausführung ihrer praktischen Consequenzen widerlegt werden. Innere Widersprüche, falsche Prämissen, falsche Schlüsse u. s. w., d. h. theoretische Instanzen sind allein zulässig zur Widerlegung einer theoretischen Weltanschauung.

Die zweite Frage wäre nun: Führt der consequente Idealismus wirklich zum Nihilismus in jenem objektiven Sinne, dass dadurch die wesentlichen Grundlagen des sittlichen Lebens zerstört würden? Ich sage: Nein! beschränke mich aber hier zum Beweise auf die Thatsache hinzuweisen, dass der Urheber des von Jacobi selbst als consequentest anerkannten Idealismus, Fichte, gerade auf die Moralphilosophie das Hauptgewicht legte und gerade den Idealismus als die zuverlässigste Stütze seiner Sittenlehre hinstellte. Ich glaube mich darauf beschränken zu müssen, da die Frage in ihrer Allgemeinheit für uns ohne wesentliches Interesse ist, in der Modification aber, in der sie für uns von Bedeutung ist, in der Modification nämlich: Führt der von Jacobi sogenannte Kant'sche Idealismus zum Nihilismus, in der nun sofort aufzunehmenden dritten Frage seine Erledigung finden muss, nämlich in der: Ist die Kant'sche theoretische Philosophie wirklich ein System des Idealismus?

Nach Jacobi'scher Ansicht zerfallen alle Weltanschauungen zunächst in zwei grosse, streng geschiedene Klassen. Dieselben sind prinzipiell verschieden, sie sind gleich ursprünglich, zwischen ihnen giebt es keine

Vermittlung. Beide Arten scheiden sich am besten nach dem Erkenntnissvermögen, welches sie zum Grunde legen. Auf der einen Seite stehen die Systeme des Verstandes, nur sie allein Systeme im wahren Sinne des Worts, auf der andern Seite die Weltanschauungen der Vernunft, die nur mit einem gewissen Vorbehalte den Namen System führen dürfen. Im Grunde kann es nur eine einzige derartige Weltanschauung geben, nämlich die des Theismus, die Weltanschauung Plato's und Jacobi's, die Weltanschauung des Geistes und der Wahrheit, die Weltanschauung des Realismus. Anders verhält es sich mit den verstandesmässigen Weltansichten. Ihrer giebt es zwei. Da nämlich das Wesen der verstandesmässigen Weltansicht systematische Einheit ist, da sie Wissenschaft ist, so muss sie ihre Aufgabe darein setzen, die beiden Pole menschlicher Erkenntniss, Subjekt und Objekt, zur Einheit des Systems zu verwandeln. Das ist aber nur auf zwei Wegen möglich, entweder muss das Subjekt in das Objekt aufgelöst werden, dann erhält man in seiner vollständigsten Ausführung den Spinozismus, oder das Objekt muss auf das Subjekt reducirt werden, dann erhält man den Idealismus. Muss man von beiden Wegen einen wählen, so verdient gewiss der des Idealismus den Vorzug, da seine Einheit eine noch vollkommenere, seine Consequenz eine noch bündigere ist als die des Spinozismus.

Diese Ansichten sind, wie sofort in die Augen fällt, durchaus metaphysisch orientirt. Dass es einen andern als den dogmatisch-metaphysischen Gesichtspunkt für die Beurtheilung eines philosophischen Systems geben könne, war für Jacobi so absolut undenkbar, dass er ohne Besinnen Kant in das Prokrustesbett seines metaphysischen Schematismus zwängt, obwohl er, wie aus dem Eingange des „Unternehmen" zu ersehen ist, die wesentliche Absicht der Kant'schen Philosophie mit ihrem Ausgehen von der Hume'schen Problemstellung im Ganzen richtig verstanden hat. So fest war er in den Gang seiner metaphysischen Zwickmühle gebannt, dass er selbst nach im Ganzen richtiger Erfassung des erkenntnisstheoretischen Ausganges des Kant'schen Denkens, dasselbe dann doch ohne Weiteres unter seine vorgefassten metaphysischen Kategorien subsumirte. Das ist aber um so auffallender, da Kant einer solchen Subsumtion ausdrücklich vorgebeugt hatte. In der Voraussicht, dass man die Kategorien Idealismus und Realismus auf ihn anwenden würde, hatte er ausdrücklich angegeben, wie sein erkenntnisstheoretisches System zu denselben sich stellen würde. Es würde eben beides zugleich sein, sowohl Idealismus wie Realismus, letzteres in empirischer, ersteres in transcendentaler Hinsicht. Weit entfernt aber diesen deutlichen Wink nach der Absicht des Urhebers dahin zu verstehen, dass man eben das neue System als Kritik, nicht als neue Metaphysik an Stelle der alten ansehen solle, da ja die nothwendigen Kategorien der Metaphysik auf das neue System schlechterdings nicht passen — schloss vielmehr Jacobi daraus, dass ein System, welches Realismus und Idealismus zugleich sein wolle, nothwendigerweise dies nur sein könne, indem es keins von beiden, sondern eine widerspruchsvolle Mischung aus den genannten Elementen sei. Daher also der Vorwurf des Widerspruchs im Kant'schen Philosophiren. Da nun aber die idealistische Seite (schon der Name transcendentaler Idealismus, mit dem Kant das ganze kritische System bezeichnete, zeigt es) für den metaphysischen Beurtheiler bei Weitem mehr in den Vordergrund trat, für Jacobi ausserdem die bei Weitem subjektiv anstössigere war, so läuft neben dem Vorwurf des in sich widerspruchsvollen, noch der andere des consequenten Idealismus her, der aber, wie wir oben zu zeigen versuchten, bei Lichte besehen recht schlecht zu jener Grundlage der Polemik passt.

Können wir, soviel scheint nach dem Vorausgehenden evident zu sein, den wesentlich erkenntnisstheoretischen Charakter des Kant'schen Systems nachweisen, so fällt die Anklage Jacobi's, soweit sie auf absoluten Idealismus lautet, in sich zusammen.

Dieser Nachweis kann aber nicht schwer fallen, wenn man sich nur klar macht, von welchem Punkte aus Kant auf sein kritisches System geführt wurde. Nicht von der Monadologie ging er aus, nicht von der Substanzlehre Spinoza's. Nein, Hume unterbrach ihm zuerst den dogmatischen Schlummer. Hume's Philosophiren aber ist ein rein erkenntnisstheoretisches. Ist es möglich auf dem Gebiete der Thatsachen zu nothwendigen Erkenntnissen zu gelangen, das ist die Grundfrage, die er sich vorlegt, in deren Interesse er seine Untersuchungen über den Causalitätsbegriff anstellt. Das Resultat dieser Untersuchungen, dass das Gesetz des Causalzusammenhanges auf eine gewohnheitsmässige Erwartung ähnlicher Fälle hinauslaufe, also kein wahres Gesetz, weil ohne den Charakter der Nothwendigkeit und Allgemeinheit sei, entscheidet die Frage in dem Sinne, dass auf dem Gebiete der „matters of fact" nothwendige Erkenntniss nicht zu erwarten sei. Das ist der Punkt, an dem Kant einsetzt. Zu wiederholten Malen hat er sein Verhältniss zu Hume, die Gemeinsamkeit des Problem's, die Verschiedenheit der Lösung in das klarste Licht gestellt.

In der Lösung des Problem's nämlich lehnt Kant sich nicht sowohl an Hume als vielmehr an die ihm vorausgehende deutsche Philosophie an. Hume löst die Frage im Sinne des Empirismus. Kant aber ist wesentlich

Rationalist. Es sind aber nicht die metaphysischen Grundlagen der Leibnitz-schen Philosophie, wie schon oben bemerkt, an die er anknüpft, sondern die Leibnitz - Wolff'sche Erkenntnisstheorie ist es, welche die Verbindung her-stellt. Nun hat allerdings das erkenntniss-theoretische Problem eine Seite, nach der es mit der Metaphysik eng zusammenhängt. Aber die Frage: sind Dinge erkennbar, oder: was sind die Dinge an sich, ist für Kant nicht die Grundfrage seiner Erkenntnisstheorie; vielmehr zeigt die am An-fange der Kritik gegebene deutliche Formulirung seines Problems, dass die andere Seite, nämlich das Wie der nothwendigen Vernunfterkenntnisse ihm bei Weitem im Vordergrunde steht. Wie kommt eine wissenschaftliche Erfahrung zu Stande, eine Erfahrung, welche Anspruch machen kann auf das Prädikat der Allgemeingültigkeit und Nothwendigkeit, diese Frage ist der Angelpunkt der Kritik der reinen Vernunft und nicht die Fragen: giebt es Dinge an sich, in welchem Verhältnisse stehen sie zu den Erscheinungen u. s. w. Alle diese Fragen, deren Interesse für Kant im Einzelnen wieder im umgekehrten Verhältnisse ihrer Beziehungen zur Metaphysik steht, werden nur soweit berührt, als es zur Lösung der Grundfrage nach dem Zustandekommen einer allgemeingültigen und nothwendigen Erfahrung un-erlässlich ist.

Wenn also Kant bei der grossartigen, neuen Lösung, die er dem Problem giebt, dass sich nämlich die Gegenstände nach unserer Erkenntniss und nicht umgekehrt unsere Erkenntniss nach den Gegenständen richtet, auf den Unterschied von Ding an sich und Erscheinung zu sprechen kommt, so geschieht es nicht in dem Interesse über ihr Verhältniss zu einander Aufschluss zu geben, sondern nur um dem wirklichen Gegenstande unserer Erkenntniss, der von den Prinzipien derselben abhängig ist, ihnen sein Dasein verdankt, einen Namen zu geben, der zugleich andeutet, dass der wahre Gegenstand unserer Erkenntniss ein anderer sei, als der bis dahin fälschlich dafür gehaltene.

Schon die im Verhältniss zum Ganzen sehr spärlichen Erörterungen über das Ding an sich als den Grund des Seienden hätten Jacobi belehren sollen, dass seine metaphysische Construktion des Systems eine völlig irrige war, einen dem Systeme selbst fremden Gesichtspunkt zum Haupt - Mass-stabe seiner Beurtheilung mache. Man erinnere sich nur an den mehrfach gegebenen Abriss des Systems mit seinen beiden X, dem des Subjekts und dem des Objekts und dem schliesslichen + X, dem wahren Realen, auf wel-ches beide im letzten Grunde hinweisen, und vergleiche damit die Stellung, welche diese Begriffe, namentlich aber der letztere, im Kant'schen Systeme einnehmen. Es ist nur eine einzige und noch dazu mehr gelegentliche Aeusserung (K. R. V. S. 342. Kirchm.), in der die Möglichkeit angedeutet wird, dass die beiden problematischen Realen des Subjekts und des Objekts auf eine gemeinschaftliche Abstammung hinweisen möchten. Und diese Aeusserung soll den centralen Punkt des ganzen Systems ausmachen, der es unter den Gesichtspunkt des metaphysischen Idealismus und Realismus stellt und es unweigerlich unter die verkehrte Rubrik des ersteren unter-ordnet? Das Nähere über die wahre Bedeutung des „Ding an sich" im Zusammenhange des Kant'schen Systems kann erst da beigebracht werden, wo es sich um den zweiten Haupteinwurf, den des inneren Widerspruchs, handelt, der ja hauptsächlich oder durchaus auf dem Gegensatze von vor-ausgesetztem realen Erkenntnissobjekte und der Unmöglichkeit dasselbe im Denken wahr zu machen beruhen soll.

Hier kam es nur darauf an zu zeigen, dass die Kritik der reinen Vernunft nicht ein neues System der Metaphysik sei, welches man dann unter den Gegensatz von Idealismus und Realismus zu stellen wohl berech-tigt wäre, sondern dass sie Erkenntnisstheorie ist, welche den Erweis der Möglichkeit einer nothwendigen und allgemeingültigen Erfahrung sich zur Aufgabe macht.

Gesetzt nun aber auch es sei erwiesen, dass Jacobi kein Recht habe, Kant's System durch schlechthinige Subsumtion unter seinen Begriff des Idealismus wissenschaftlich todtzuschlagen, ist nicht doch vielleicht seine Folgerung richtig, dass dieses System Nihilismus sei, also den wesentlichen Bedürfnissen des normalen Menschen nicht genügen könne? Auf diese Frage müssen wir um ihrer Wichtigkeit willen noch ein wenig näher ein-gehen.

Kant's System ist Nihilismus bedeutet in Jacobi's Sinne ein Doppeltes: 1) Kant's System hebt die Realität des Gegenstandes der sinnlichen Er-kenntniss auf. 2) Dasselbe macht die Gegenstände der übersinnlichen Er-kenntniss zu leeren Hirngespinsten, d. h. hebt sie ebenfalls auf.

Was nun den ersten Theil des Vorwurfs betrifft, so contrastirt er seltsam mit dem durch das ganze System Kant's sich hindurchziehenden Gefühle der Genugthuung darüber, eine wirkliche Erfahrung, eine wirkliche Erkenntniss der Natur ermöglicht zu haben. Der Fehler Jacobi's liegt augenscheinlich in der falschen Auffassung des Wortes Erscheinung. So energisch auch Kant vor der Verwechslung dieses Begriffes mit dem äusser-lich so ähnlichen, innerlich so himmelweit verschiedenen des Scheines ge-warnt hatte, so macht sich doch Jacobi dieser Verwechselung offenbar im stärksten Masse schuldig. Ja, das Wort „Schein" ist ihm noch viel zu realistisch zur Bezeichnung des Wesens von Kant's Erfahrungsgegenstande, noch lieber möchte er ihn „Wahn" nennen oder mindestens „Traumbild." Und doch ist es Kant so völlig Ernst mit seiner Abweisung des Missverständnisses, mit der Behauptung seines empirischen Realismus. Die Erscheinungen sind für ihn so real, wie nur immer für Jacobi der Gegenstand, so real, dass er auf Grund dieser Ueberzeugung in der ehrlichsten Absicht die Widerlegung des Idealismus unternimmt. Nur auf Grund der Realität der äusseren Erscheinungen können wir uns sogar der Realität unserer eigenen Existenz bewusst sein. In diesem Satze, der ihm gewiss so ernst war wie er jenem nur immer sein konnte, stimmt er genau mit Jacobi überein. Und in der That, was für einen Sinn kann es denn haben, hinter der Erscheinung noch nach einem Gegenstande zu suchen, von dem doch auch Jacobi zugeben muss, dass unsere Erkenntniss ihn nicht zu erreichen vermag. Die Erscheinung ist der einzige Gegenstand der Erkenntniss, von dem wir einerseits überhaupt etwas wissen können, von dem uns aber andererseits Sinne und Verstand auch ganz unzweideutige, für alle Zwecke des theoretischen sowohl als des handelnden Lebens ausreichende Kunde geben. Was macht es denn z. B. hier meinen Tisch für mich realer, wenn ich glaube, dass hinter ihm, den ich sehen, betasten, den ich zusammensetzen, zerstören, in jeder beliebigen Weise verwenden und benützen kann, noch ein anderer Tisch steht, der die Ursache dieses ist, ihn für mich zu dem macht, was er für mich ist, ohne dass ich doch von jenem Tische an sich irgend etwas weiss, oder habe, oder erkenne. Was hat der physische Gegenstand für mich für ein Interesse, so frage ich, abgesehen von der Summe seiner durch Sinnes- und Verstandesoperationen wahrnehmbaren Merkmale? Was kann ihm an Realität hinzukommen? Ist es nicht ein rein ästhetisches Interesse, durchaus kein wissenschaftliches oder praktisches, welches eine höhere Realität als die der Erscheinungen verlangt, welches hinter dem ausser uns vorgestellten, dadurch aber für uns ausser uns wirklich seienden Gegenstande noch einen geglaubten annehmen muss? Wie verhält es sich nun aber mit den Gegenständen der übersinnlichen Wahrnehmung? Ueber den Verlust einer sogenannten realen Sinnlichkeit würde Jacobi sich vielleicht noch hinwegsetzen, er betrifft ja nur die niedere, vergängliche Seite des menschlichen Bedürfnisses, wenn nur nicht damit zugleich auch die höchsten übersinnlichen Gegenstände, die Grundlagen für Religion und Moral ihre wahrhafte objektive Bedeutung verlören. Denn wenn die Vernunftideen einmal als blosse Dichtungen, leere Ausgeburten der Vernunft erwiesen sind, wie kann man dann noch Zutrauen zu ihnen, als objektiv realen Gegenständen einer höheren Wahrnehmung haben? Ganz mit Recht weist Jacobi darauf hin, dass bei Kant die Vernunftideen nie zu der Art von Realität kommen, die Jacobi für sie annahm, die er für sein persönliches Bedürfniss für nothwendig hielt. Mit Unrecht aber nimmt er an, dass Kant ihnen eine solche Realität eigentlich habe vindiciren wollen, mit noch grösserem Unrechte zeiht er ihn darauf hin eines Widerspruchs. Eine andere als theoretische Realität dieser Ideen vermag sich Jacobi nicht vorzustellen. Frohlockend glaubt er deshalb Kant nachweisen zu können, dass er gegen seine bessere Ueberzeugung (nach welcher er natürlich, wie Jacobi meinte, jene Ideen ebenso wie er selbst als schliesslich doch theoretisch vorstellen musste) auch auf diesem Gebiete der höheren, der Vernunft-Erkenntniss zum Nihilismus geführt würde. Kant wäre aber nicht der scharfsinnige Mann, als den er sich in seiner Philosophie erweist, als den ihn auch Jacobi bereitwilligst anerkennt, wenn er sich hätte einfallen lassen können, den als blos regulativ hingestellten Ideen mit problematischer Existenz hinterher doch wieder eine Art von theoretischer Realität zuzuschreiben.

Die Realität, welche jene Ideen in der praktischen Philophie Kant's gewinnen, ist vielmehr ganz anderer Art. Sie ist eine rein praktische. Die Ideen sind Postulate, keine metaphysisch gedachten Dinge, absolut unbrauchbar für alle Erkenntnisszwecke, vollständig brauchbar und darum im vollen Sinne real für alle praktischen, sittlichen Zwecke. Die Realität der Ideen ist in mancher Beziehung eine ganz analoge mit der der Erscheinungen. Wie die Erscheinungen der reale Gegenstand unseres Erkennens, ja die einzige Möglichkeit eines wahrhaften Erkennens waren, hinter welchen es thöricht war, noch eine höhere Realität zu suchen, so sind die Vernunftideen die praktischen Voraussetzungen unseres Handelns, ebenso nothwendig, aber auch ebenso ausreichend für die Befriedigung unsres sittlichen Triebes, wie jene für die unsres Erkenntnisstriebes. Von welchem Interesse kann es für mein sittlich religiöses Leben sein, ob Gott, Freiheit, Seele metaphysische Hypostasen sind, die doch nur auf theoretischem Wege mir zugänglich, praktisch aber irrelevant wären, wenn ich nur die feste, unerschütterliche Ueberzeugung habe, dass mein sittliches Leben, die für mich höchste denkbare Realität, nicht möglich wäre ohne Voraussetzung der Freiheit, der Continuität meines Daseins, einer göttlichen Weltleitung?

Das Wenige, was wir hier über die praktische Bedeutung der Ideen sagen konnten, wird genügen, zu zeigen, dass der Vorwurf Jacobi's, die

Kant'sche Philosophie führe zum Nihilismus, in dieser, wie in der zuerst behandelten Beziehung ein gänzlich unbegründeter ist.

Ehe wir aber weiter gehen, verlangt noch der anscheinend rein wissenschaftliche Einwand eine kurze Besprechung, von dem wir sagten, dass er eine nothwendige Consequenz für den sei, der das Kant'sche System unter das rubrum „krasser Idealismus" einschachtele. Ich meine den Einwand, der am ausführlichsten im Gespräche über Idealismus und Realismus zur Sprache kommt, also gleich am Beginne der Kant-polemischen Thätigkeit Jacobi's, der aber ebenso scharf noch hervortritt in der dritten Beilage zu der Schrift von den göttlichen Dingen, also in einer der letzten Schriften des Verfassers, den Einwand, dass Kant, statt die von Jacobi so schwer gerügte Verwechslung und Vermischung des Verhältnisses von Grund und Folge mit dem von Ursache und Wirkung als einen Irrthum aufzudecken, dieselbe vielmehr rechtfertigt.

Dass zunächst der Thatbestand im Sinne Jacobi's richtig sei, kann nicht geläugnet werden. Jede Philosophie, die auf eine den realen Weltverlauf adaequat darstellende oder reproducirende Wissenschaft ausgeht, kann nicht umhin das Gesetz, nach dem in der Wirklichkeit ein Zustand durch den andern realiter hervorgebracht wird, mit dem Gesetze zu identificiren, nach welchem im Denken die Vorstellungsreihen idealiter auf einander folgen. Schon Spinoza hatte das klar erkannt, schon er hatte Grund und Ursache völlig gleichgesetzt, gegen ihn richtete sich ursprünglich auch Jacobi's Polemik. Ganz richtig aber sah Jacobi, wie er in dem genannten Gespräche des Weiteren ausführt, dass das eigentlich Unterscheidende des Causalitätsverhältnisses die Succession d. h. die Zeit sei. Jede Philosophie, welche die Realität der Zeit wahren will, muss in's Gedränge kommen bei der Identification beider Verhältnisse, die doch für die Wissenschaft nothwendig ist. Spinoza hatte die Realität der Zeit darangeben müssen, um die durchgängige Uebereinstimmung des Denkens mit dem Sein zu retten. Wir müssen Jacobi sogar weiter zugeben, dass die Nichtunterscheidung beider Verhältnisse bei Kant nicht nur mit seinem ihm fälschlich vorgeworfenen metaphysischen Idealismus, sondern mit der Grundlage seines erkenntniss-theoretischen Kriticismus, mit dem transcendentalen Idealismus zusammenhänge. Was Cartesius, Spinoza und Leibnitz vergeblich versucht hatten, die Uebereinstimmung von Denken und Sein, von Causalnexus und Vorstellungslauf darzuthun und so eine wirkliche Erfahrung zu begründen, vergeblich, weil sie immer das Denken an dem Sein orientirten, — das hatte Kant durch seine kritische Erkenntnisstheorie geleistet, indem er, ein philosophischer Kopernikus, das Sein nach dem Denken sich richten, die Natur selbst unter den unserm Denken nothwendigen und eigenthümlichen Bedingungen hervorgebracht werden liess. Natürlich gelang das nur mit völliger Aufhebung der transcendenten Bedeutung der Zeit. Da diese für Jacobi die einzig objektive Bedeutung derselben ist, so scheint Jacobi's Einwand durchaus das Mark der Kant'schen Lehre zu treffen.

Und doch müssen wir demselben zweierlei entgegenhalten. Einmal nämlich werden wir Jacobi fragen, weshalb denn die Gleichsetzung von Grund und Ursache überhaupt ein Fehler sei? Die Gründe, die ihn zu dieser Auffassung bringen, liegen auf der Hand. Der erste derselben ist die Thatsache der Existenz der beiden Wörter „Ursache" und „Wirkung". Wie wären sie denn in die Sprache gekommen? fragt er ausdrücklich, wenn das Causalitätsverhältniss nicht ein selbständiges wäre neben dem von Grund und Folge. Dagegen möchte ich, ohne auf die thatsächliche häufige Verwechselung beider Begriffe in allen Sprachen zu viel Gewicht zu legen, nur folgendes bemerken. Auch wenn die Gesetze der Natur und des Denkens dieselben sind, so wird doch nie, am allerwenigsten bei Kant, Natur und Denken selbst identificirt. Darum liegt Nichts näher als demselben Gesetze für die beiden getrennten Gebiete verschiedene Namen beizulegen. Was in dem denkenden Wesen Grund und Folge ist, das nennen wir in der Welt der Zeiterscheinungen verwirklicht Ursache und Wirkung. Hier zeigt sich eben wieder das grundlegende Missverständniss Jacobi's. Wäre Kant's System metaphysischer Idealismus, wie Jacobi es auffasst, so müsste man sich freilich wundern, wie die Worte Ursache und Wirkung überhaupt in die Sprache gekommen. Der erkenntnisstheoretische Idealismus aber ist zugleich empirischer Realismus, d. h. er ist ein System, in dem eine wissenschaftliche Erfahrung möglich ist, weil die Gesetze des Denkens zugleich die der Natur sind, in dem aber Natur und Denken doch nicht in eine ungetrennte metaphysische Einheit zusammenfällt. Das ist der Grund, weshalb Kant auch hier sich rühmen kann, das Wesen des Causalitätsgesetzes erkannt und begründet zu haben.

Noch klarer erscheint das gerügte Missverständniss als die Quelle des zweiten Grundes, den Jacobi für seinen Einwand vorbringt. Er sagt nämlich — und das ist der eigentliche Nerv seines Einwandes —, dass bei der Nichtunterscheidung von Grund und Ursache die Realität der Zeit aufgegeben werden müsse, dass also „in Wahrheit Nichts geschähe." Was oben im Allgemeinen gegen jenes Missverständniss gesagt wurde, ist hier mit besondrer Beziehung auf den speciellen Punkt zu wiederholen.

Der metaphysische Idealismus, dem Kant nicht weniger abgeneigt war als es Jacobi nur sein konnte, vernichtete allerdings wie die Realität des Gegenstandes und der Ideen so auch die der Zeit. Kant's Kriticismus aber hat gerade das Verdienst durch die Beseitigung des transcendenten Gegenstandes, der transcendenten Zeit, mit deren Annahme sich eine wirkliche Erfahrung schlechterdings nicht vereinen liess, die empirische Realität des Gegenstandes, die praktische Realität der Ideen, und ebenso auch die empirische Realität der Zeit unverwüstlich begründet zu haben. Erst seit Kant giebt es eine für uns begreifliche, für unsere Bedürfnisse völlig ausreichende und reale Succession. Erst seit ihm ist das Geschehen nicht mehr ein dunkler, geheimnissvoller Mythus, sondern ein wissenschaftlich verständlicher Vorgang.

Ausser der Widerlegung des Jacobi'schen Einwandes durch die Enthüllung seiner engen Verwandtschaft mit seinem fundamentalen Missverständnisse der Kant'schen Lehre möchte ich ihm aber noch ein Zweites entgegen halten. Hat denn wohl Jacobi überhaupt ein Recht von seiner prinzipiellen Stellung aus einen solchen Vorwurf zu erheben? Jacobi unterscheidet zwischen Grund und Ursache. Das Charakteristische der Letzteren sei die Succession, die Zeit. Wir wissen von ihr etwas nur, insofern wir handelnde Wesen sind. Das Wesen der Ursache ist Freiheit, wie das des Grundes Nothwendigkeit. Jacobi giebt zu, dass wissenschaftliche Erkenntniss nur möglich ist, soweit sich das Gebiet der Nothwendigkeit erstreckt. Das Gebiet der Freiheit, also der Causalität, ist dem Erkennen unzugänglich. Jacobi ist weit entfernt Erkenntniss und Wissenschaft für ein gewisses Gebiet läugnen zu wollen, nur von dem Uebersinnlichen, dem Gebiete der Freiheit, will er sie ausschliessen. Das ist ja gerade der Punkt, über den er sich mit Kant so ausdrücklich in Uebereinstimmung weiss. Das Erkenntnissgebiet muss also wohl das Naturgebiet sein, eine wissenschaftliche Naturerkenntniss giebt Jacobi durchaus zu. Schliesst aber Erkenntniss und Causalität, also Erkenntniss und Zeit sich aus, so hat auf dem ganzen Naturgebiete weder der Begriff der Causalität noch der der Zeit objektive Realität. Es wird also entweder der auf dem ganzen Gebiete ohne Anstoss gebrauchte terminus der Ursache ohne Fug und Recht gebraucht, oder es giebt eine Art von Causalität, die mit dem Verhältniss von Grund und Folge zusammenfällt. Nur Letzteres aber ist das, was Kant behauptet. Nur auf dem Naturgebiet fällt beides zusammen. Auch Kant kennt ein Gebiet der Causalität aus Freiheit, der wirklichen Causalität im Sinne Jacobi's. Und wenn auch die Causalität aus Freiheit im Kant'schen Sinne

in der That eine andre ist als die Jacobi'sche, so war dieser Unterschied
für Jacobi jedenfalls nicht vorhanden. Wenn er sich also über sich selbst
klar war, so hätte er Kant diesen Vorwurf nicht machen können, da einerseits Kant beide Verhältnisse nicht durchaus identificirt, sondern nur für
das Naturgebiet, andrerseits Jacobi seine Unterscheidung beider auf
diesem Gebiete nicht aufrecht erhalten kann, ohne sich in Widersprüche
mit sich selber zu verwickeln.

Damit dürfte nun aber die Beurtheilung des ersten Jacobi'schen Haupt-
einwurfs, dass nämlich die Kant'sche Philosophie absoluter Idealismus sei,
im Wesentlichen abgeschlossen sein. Und wir gehen nun zu dem zweiten,
bei weitem vielseitigeren, umfang- und consequenzenreicheren, anscheinend
durchaus objektiven und wissenschaftlichen zweiten Haupteinwande über,
dass nämlich eben diese Philosophie in sich selber widerspruchsvoll sei.

Wir sahen, dass der Grundwiderspruch, der Quell aller Ungereimt-
heiten des Systems in seiner Zweiendigkeit bestehen sollte, d. h. in seiner
Mischung von empirischen und idealistischen Elementen. In dieser allgemeinen Fassung liegt der Vorwurf dem ganzen „Unternehmen", überhaupt
der Polemik der zweiten Periode zu Grunde. Am Anfange und am Ende
der Schriftstellerthätigkeit Jacobi's finden wir denselben in der eigenthümlichen Zuspitzung, in der er als der scharfsinnigste und stichhaltigste Einwand gegen die Kant'sche Lehre nicht nur von Seiten Jacobi's, sondern
überhaupt, bekannt geworden ist und noch immer und immer wieder als
der zermalmende Hauptschlag gegen das System des Meisters vorgetragen
zu werden pflegt. Ich meine natürlich den Satz, dass man ohne die
Voraussetzung des Causalitätsgesetzes als eines objektivgültigen, oder mit
einem Worte des Naturglaubens nicht in das System hereinkommen, mit
demselben aber darin nicht verharren könne, d. h. mit andern Worten:
dass die Behauptung, das Causalitätsgesetz gelte nur von Erscheinungen,
eine der Hauptgrundlagen des ganzen Systems sei, während doch auf der
andern Seite von einem Einflusse des Dinges an sich auf die Welt der Erscheinungen, von einem Affizirtwerden der letzteren durch das erstere unzweideutig geredet werde. Ja, ohne solch einen affizirenden Einfluss des
Dinges an sich könne von Erscheinungen gar nicht die Rede sein, die
Voraussetzung eines über die Erscheinungen hinaus geltenden Causalitätsgesetzes sei also die nothwendige Bedingung zum Verständnisse des
Systems.

In der That ein so eklatanter, evidenter, colossaler Widerspruch, dass
man ihm — Kant gar nicht zutrauen kann. Ich wenigstens möchte einen

Mann, der ein ganzes Leben ernstester Gedankenarbeit an die Ausbildung eines Systems setzt, zum Ueberfluss wiederholt versichert, welch angestrengtes Nachdenken er der allseitigen Ueberlegung desselben gewidmet habe, nicht einmal für einen mittelmässigen Kopf halten, wenn er gleich am Eingange einen so augenfälligen, elementaren Verstoss begeht, der von vornherein das ganze System über den Haufen wirft. Das Auffallendste aber ist, dass Kant selbst ausdrücklich auf das Dringendste vor dem Fehler warnt, die Kategorien, also auch die der Causalität, in transcendentem Sinne zu gebrauchen, und er sollte fast in demselben Athem seine eigene Warnung so gröblich missachtet haben? Nein, der Vorwurf ist, nach welcher Seite hin man ihn auch betrachten mag, so ungeheuerlich, dass wir von vornherein schon demselben mit dem grössten Misstrauen begegnen müssen.

Um denselben in Nichts aufzulösen müssen wir uns in kurzen Zügen die an sich so einleuchtende und klare und doch so vielfach missverstandene Lehre Kant's vom „Ding an sich" vor Augen führen. Wir verbinden damit gleich eine kurze Skizzirung der wesentlichen Grundgedanken der transcendentalen Deduktion, denn dies: Ding an sich und transcendentale Deduktion, sind die beiden hauptsächlichen Steine des Anstosses für Jacobi, auf diese beiden Punkte sind die meisten seiner Angriffe gerichtet. Gelingt es uns dieselben in ihrer wahren Gestalt dem Leser überzeugungskräftig darzustellen, so wird es nicht schwer halten auch für diesen Theil des Angriffs nachzuweisen, dass er im Wesentlichen auf einer totalen Missconception der Intentionen Kant's beruht, einer Missconception, die hier auf der Hineininterpretation nicht nur von metaphysischen sondern auch psychologischen Gedankenreihen beruht.

Zunächst vergegenwärtigen wir uns noch einmal den rein erkenntnisstheoretischen Charakter der Vernunftkritik, wie derselbe sich in ihrem Ausgangspunkte zeigt.

Weder Leibnitzen's einseitiger Rationalismus, dem die Erkenntniss der Sinne nur eine dunkle, unreine, verworrene Vernunfterkenntniss war, noch Locke's und Hume's einseitiger Empirismus, der zwar den Ansprüchen der sinnlichen Wahrnehmung gerecht wurde, aber die Allgemeingültigkeit und Nothwendigkeit der Erkenntniss aufgeben musste, konnte es zu einer wirklichen einheitlichen Erfahrung bringen, d. h. einer zugleich allgemein gültigen und doch auf Gegenstände sich beziehenden Erkenntniss. Ursprünglich von Leibnitz ausgehend, dann Hume sich zuneigend, erkannte Kant bald, dass die Philosophie des Engländers in Folge des genannten Mangels an Nothwendigkeit in den Erkenntnissprinzipien zum Skeptizismus führen müsse, um so mehr als jener Mangel sich noch viel weiter erstreckte als Hume geahnt, oder wenigstens für gut befunden hatte kund zu thun.

Wie können wir dem empirischen Faktor sein Recht lassen ohne doch den Charakter des Zwingenden und Allgemeingültigen, den wir für unsre Erkenntniss beanspruchen, aufgeben zu müssen? Das war das Problem, das von da aus Kant sich zeigen musste. Er löste es durch die Entdeckung eines aprioristischen Faktors in unsrer Erkenntniss, der unabhängig von aller Empirie rein aus dem Wesen unsres Verstandes entspringt. Dieser doppelgestaltige aprioristische Faktor, einerseits nämlich der reinen Anschauung, andrerseits des reinen Denkens, war aber, wie Kant fand und nachwies, grade das, was den Gegenstand unsrer Erkenntniss überhaupt möglich machte. Die Lösung des Problems bestand also in dem Nachweis, dass nicht, wie man bisher immer angenommen, unsre Erkenntniss sich nach den Gegenständen richte, sondern dass vielmehr umgekehrt die Gegenstände von den nothwendigen, allgemeingültigen, aprioristischen Erkenntnissformen abhängig seien, da sie ihnen ja überhaupt erst ihre Existenz verdankten.

Es ist also nicht ganz richtig, um dies gleich hier zu erledigen, wenn Jacobi den transcendentalen Idealismus als eine Hypothese beschreibt, durch welche die Lösung des Problems versucht wurde, und die sich erst durch das hintennach herausgefundene Gelingen des Versuchs als richtig bewährte. Der transcendentale Idealismus ergab sich vielmehr aus einer Analyse unsres Erfahrungsinhaltes, welche den aprioristischen Erkenntnissfaktor von dem empirischen Empfindungsmateriale absonderte. Die transcendentale Deduktion weist dann nach, dass jener Faktor der reinen Anschauungen und des reinen Denkens von Erfahrung absolut gültig sei, weil er allein die Gegenstände derselben erst möglich mache. Zugleich ergiebt sich aber aus dieser Lösung, dass jener aprioristische Bestand, vornehmlich also die reinen Denkformen, (denn von den Formen der reinen Anschauung kann es ohnehin nicht fraglich sein) eben auch nur auf dem Gebiete möglicher Erfahrung von Anwendung sein konnten, dass ihre objektive Gültigkeit bedingt sei durch eine ihnen correspondirende Anschauung, ohne welche sie leer sind, gleichwie jene, die Anschauung, ohne Begriffe blind ist.

Wenn wir also, wie es an sich möglich ist und nothwendigerweise geschieht, die Formen unsres Denkens über das Gebiet möglicher Erfahrung ausdehnen, so dass die Erzeugnisse derselben an Anschauungen nicht bewährt werden können, so entbehren jene Produkte unsres Denkens der objektiven Realität, ohne dass ihnen jedoch damit eine gewisse subjektive

Berechtigung abgesprochen werden darf. Ja, sie haben sogar als regulative Principien der reinen Vernunft einen bestimmten erkenntnisstheoretischen Werth und werden als Postulate der praktischen Vernunft sogar die Grundlagen und Normen für unser sittlich religiöses Leben.

Im Verlaufe der Lösung dieser erkenntnisstheoretischen Aufgabe erscheint nun das soviel in Anspruch genommene Ding an sich an verschiedenen Stellen. Wir müssen mindestens drei Stadien in seiner Entwicklung unterscheiden.

Zuerst nämlich ist in Betracht zu ziehen, dass Kant, ehe er zu seiner eigenthümlichen neuen Auffassung des Wesens der Erfahrung gelangen konnte, gewissermassen um sich den Weg dazu zu bahnen, ausgehen musste von der gewöhnlichen, herrschenden Ansicht, nach welcher der Gegenstand als ein ausser uns auch abgesehen von unsrem Erkennen vorhandener es ist, auf den sich unsre erkennende Thätigkeit richtet. Mit Rücksicht auf diese Ansicht des transcendentalen Realismus, von dem Kant seinen Ausgang nimmt um seinen erkenntnisstheoretisch einzig werthvollen Begriff der Erfahrung zu entwickeln, nennt er sowohl die wirklichen Dinge, deren Inbegriff die Natur im Kant'schen Sinne constituirt, und welche die eine Seite des neuen Erfahrungsbegriffes zu bilden bestimmt sind, Erscheinungen, als auch bedient er sich der Ausdrücke: die Dinge affiziren unsre Sinne, sind der Grund der Erscheinungen u. s. w.

Es unterliegt für uns keinem Zweifel, dass diese Anschauungsweise, von der aus er versuchen muss, seinen Zeitgenossen den Weg in sein System zu bahnen, auch abgesehen davon für den Menschen Kant von einer gewissen Bedeutung gewesen ist, indem er persönlich von der Existenz von Gegenständen an sich, die der Welt der Erscheinungen zu Grunde liegen, stets in gleicher Weise überzeugt geblieben ist: worauf es hier ankommt, ist dies: dass für Kant, den Erkenntnisstheoretiker, jener populäre Begriff nur eine Handhabe war, ein pädentisches Mittel um das Verständniss für seine Theorie des Erkennens zu öffnen, dass für Kant, den Erkenntnisstheoretiker, sobald das Wesen des Gegenstandes unsrer Erkenntniss einmal als Erscheinung (d. h. im Sinne des Systems) erkannt worden ist, jene Handhabe gänzlich ihren Werth verliert, dass der Begriff des transcendentalen Gegenstandes, von dem wir ja absolut nichts zu erkennen vermögen, in seiner Existenz oder Nicht-Existenz gänzlich ohne Bedeutung, ein blosses X, ein rein problematischer Begriff ist, der die Resultate des Systems durchaus in keiner Weise beeinflusst.

Die eben dargestellte ist die erste Phase des Dinges an sich, das

Ding an sich als Ausgangspunkt für die Darstellung seines Systems und als persönliche Ueberzeugung Kant's unabhängig von seinem Systeme. Aufgebracht durch die gehässigen Anschwärzungen, welche sein System als Idealismus moralisch in Misscredit zu bringen versuchten, hat sich Kant bei Gelegenheit fortreissen lassen dieser persönlichen Ueberzeugung einen Ausdruck zu verleihen, der mit den Prinzipien des Systems allerdings nicht ganz im Einklang zu stehen scheint, aber sich eben so offenkundig als einen Ausfluss allzu grossen polemischen Eifers und polemischer Verbittrung kennzeichnet, dass er nicht als eine ernste Instanz gegen die Consequenz derselben ins Feld geführt werden darf.

In besonders treffender und anschaulicher Weise schildert Stadler, wie sich die neue Erkenntnisstheorie von Stufe zu Stufe herauswindet aus dem naturnothwendigen Scheine der gewöhnlichen Weltansicht, wie das zunächst nothwendig angenommene Ding hinter den Erscheinungen sich immer mehr und mehr in diese selbst auflöst und nur ein dunkles, leeres Residuum im denkenden Gemüthe zurücklässt, dass sich immer wieder vergeblich bemüht eine positivere Haltung zu gewinnen.

So begegnen wir dem Dinge an sich in einer wesentlich veränderten Gestalt in dem Abschnitt von dem Grunde der Unterscheidung aller Gegenstände überhaupt in Phaenomena und Noumena. Wir können sagen, dass dies seine eigentliche Stelle im System der Erkenntnisstheorie ist, dass der hier von Kant aufgestellte Begriff die wirkliche erkenntnisstheoretische Fixirung von dem Wesen des Dinges an sich sei. Es ist nicht zu übersehen, dass jener unbekannte Grund der Erscheinungen hier nicht mehr Ding an sich, sondern Noumenon genannt wird, und als solches der Welt der Erscheinungen gegenübergestellt ist.

Hier zeigt es sich nun klar, wie weit Kant entfernt ist von dem Vergehen, einen ihm persönlich werthvollen Begriff in sein System hineinzuschmuggeln. Das Noumenon nämlich ist nichts Andres als die hypostasirte Kategorie selbst. Es ist ein problematischer, ein blosser Grenzbegriff. Als solcher hat dasselbe eine dreifache Bedeutung. Es schränkt einerseits die Sinnlichkeit ein auf Gegenstände, die unsrer Art sie anzuschauen conform sind, andrerseits enthält es die Aufgabe durch blosse Verstandesthätigkeit unabhängig von der Sinnlichkeit zur Erkenntniss zu gelangen, zugleich aber auch die Vorstellung, dass diese Aufgabe unlösbar ist. Dies ist das zweite Stadium des Dinges an sich, wo es in seiner eigentlichen, erkenntnisstheoretischen Bedeutung als negativer, begrenzender Correlatbegriff des Begriffs der Erscheinungen ohne objektive Bedeutung sich zeigt.

In seine dritte Phase tritt dasselbe ein auf dem Gebiete der praktischen Vernunft. Von hier aus bekommt das Ding an sich nun eine positive Bedeutung auch für die Theorie des Erkennens, für die theoretische Weltanschauung. Die letztere nämlich bietet uns nur eine endlose Reihe von Beziehungen ohne Totalität. Der Mensch als sittliches Wesen verlangt aber nach einem Unbedingten, in dem die unabschbare Reihe der Erscheinungen zu einem Ganzen sich vereinigt, in dem der Mensch Ruhe und Befriedigung seines Strebens zu finden vermag.

Der Mensch als handelndes Wesen fühlt in sich die nothwendige Verpflichtung zur Verwirklichung eines schlechthin gültigen Sittengesetzes. Als solcher fühlt er sich als dem auf dem Gebiete der Erscheinungen unbedingt herrschenden Causalnexus entnommen: er fühlt sich frei als Ding an sich. Als solcher muss er aber ferner die sinnliche Welt als Mittel für die ihm aufgegebene Verwirklichung des übersinnlichen Sittengesetzes ansehen. Das ist aber nur möglich unter der Voraussetzung eines moralischen Welturhebers als des nothwendigen Einheitsbandes zwischen der Welt der Erscheinungen und der Welt des Intelligiblen. Auf Grund dieser vorausgesetzten Lösung des Contrastes auf praktischem Gebiete kann es nun auch gelingen die Welt der Erscheinungen, welche rein erfahrungsmässig angesehen als endlose Vereinzelung sich darstellt, als eine Totalität zu begreifen. Man sieht nämlich die Welt an als eine von vornherein für die Erkenntniss unsres Verstandes zweckmässig angelegte, benutzt die Idee einer formalen Zweckmässigkeit als heuristische Maxime unsrer empirischen Forschung.

Dies ist in ihren wesentlichen Zügen die Kant'sche Lehre vom Ding an sich. Es erübrigt nur noch darauf hinzuweisen, dass der Sprachgebrauch Kant's mit Rücksicht auf diese schwierige Lehre allerdings nicht immer so correkt ist, als wir es wünschen möchten. Wenn man aber bedenkt, wie schwer es für ihn sein musste, sich kurz über Dinge auszudrücken, die gänzlich ausserhalb des Bereichs erfahrungsmässiger, also überhaupt aller Erkenntniss lagen, so werden wir es unbedenklich finden den verfehlten Sprachgebrauch im Einzelnen nach den aus der Betrachtung des Ganzen gewonnenen Grundanschauungen zu corrigiren, ohne ihm auf Grund desselben Widersprüche aufzubürden, Widersprüche, die auch keineswegs aus einem blossen „Nicht sehen" erklärt werden können, da er sich zu wiederholten Malen in den energischsten Ausdrücken gegen dieselben verwahrt hat.

Wir gehen nun gleich zur Skizzirung der wesentlichen Punkte der transcendentalen Deduktion über, die wir in der vorausgehenden Uebersicht an ihrem Orte nur kurz erwähnt haben. Wir werden nicht umhin können, sie in beiden ziemlich beträchtlich von einander abweichenden Gestalten derselben zu reproduziren. Denn obwohl Jacobi ausdrücklich die zweite Auflage berücksichtigt, ohne je auf die erste zu verweisen, so scheint es mir doch ausser Frage, dass er bei der kritisirenden Darstellung des Kant'schen Systems ziemlich bedeutend von Reminiscenzen aus der ersten Auflage beeinflusst wurde. Jene nämlich gewährte durch ihre Vermischung von erkenntnisstheoretischen und psychologischen Bestandtheilen in der Deduktion dem Beurtheiler einen viel willkommeneren Anhalt für seine auf Schritt und Tritt hervortretende psychologische Missauffassung dieses wesentlichsten Punktes der Kant'schen Theorie. Hier erklärt sich nun auch jene in den Vorbemerkungen zum „transcendentalen Idealismus" ausgesprochene Vorliebe für die erste Ausgabe der Vernunftkritik, die Meinung, dass der Verlust, den diese Kritik in der zweiten Auflage erfahren, ein sehr bedeutender sei. Nicht dass in ihr der Idealismus Kant's deutlicher hervortrat, wie man neuerdings wohl gemeint hat, machte die erste Ausgabe Jacobi so viel lieber, sondern der Umstand, dass in ihr die psychologischen Beobachtungen auf viel breiterer Grundlage ausgeführt sind, dem Kritiker also eine viel bequemere Handhabe boten, als die mehr rein erkenntnisstheoretischen Ausführungen der zweiten. Aber gerade die psychologischen Ausführungen, die subjektive Seite der Deduktion, die Darlegung der Art und Weise, wie Erfahrung entstehe, hatte Kant, wie aus den „Prolegomenen" und den „metaphysischen Anfangsgründen" hervorgeht, als den Mangel, den Grund zur Unklarheit in der Darstellung der ersten Auflage entdeckt und denselben in der zweiten Auflage zu beseitigen gesucht. Doch zur Sache:

Dass die ganze Darstellung in der ersten Auflage etwas Unklares an sich hat, bedarf, nachdem es Kant selbst zugestanden hat, keiner weiteren Bemerkung. Wohl aber muss es als ein Verdienst B. Erdmann's (Kants Kriticismus in der ersten und zweiten Auflage der Kritik der reinen Vernunft) anerkannt werden, dass er uns den Faden an die Hand gegeben hat, mit dem wir uns durch jenes Begriffslabyrinth hindurch finden können.

Nach Kant's eigener Darstellung scheint es, als ob die beiden Hauptabschnitte der Deduktion, der zweite und dritte sich so zu einander verhalten, dass der zweite nur Vorbemerkungen, der dritte die systematische Darstellung gäbe. In Wahrheit liegt die Sache etwas anders. Nicht nur enthalten beide Abschnitte eine vollständige Paralleldarstellung des Gegenstandes, sondern innerhalb beider sind noch wieder zwei im Wesentlichen parallel nebeneinander herlaufende Gedankenreihen zu unterscheiden, so dass wir im Ganzen vier Beweisgänge haben, die mit gewissen Modificationen und Verschiedenheiten in der Hervorhebung von Einzelheiten als Hauptpunkten, doch im Ganzen übereinstimmend den Gegenstand der Deduktion begründen.

Der erste und zweite dieser Beweisgänge enthält überwiegend die von Kant in der Vorrede für weniger wichtig erklärte subjektive Deduktion, die Frage, wie ist das Vermögen zu denken selbst möglich; der dritte und vierte aber ebenso überwiegend die objektive Deduktion, deren Stringenz von jedem eingesehen werden muss, der das ganze System Kant's verstehen und sein Vertheidiger sein will. Ich gebe die Hauptgedanken in ihrem Zusammenhange an ohne mich an ihre Vertheilung in die vier Beweisreihen zu halten.

Es giebt drei subjektive Erkenntnissquellen, auf welchen Erfahrung beruht. Sinn, Einbildungskraft, Apperzeption. Ihre Thätigkeiten sind bezüglich: Synopsis des Mannichfaltigen, Synthesis desselben, Einheit dieser Synthesis. Die Synopsis gehört zur blossen Receptivität der Sinnlichkeit; zu jeder Erkenntniss ist auch schon Spontaneität nöthig. Diese Spontaneität zeigt sich in einer dreifachen Synthesis, in der Apprehension (in der Anschauung), Reproduction (in der Einbildungskraft), Recognition (im Begriffe).

Zunächst nämlich muss das in der Zeit als der Form des inneren Sinnes gegebene Mannichfaltige durchlaufen und zusammengenommen werden. Dies geschieht in der Anschauung und zwar schon in der reinen, aber wohlgemerkt, durch Einbildungskraft, die in dieser Funktion als produktiv, rein und transcendental zu denken ist. Unzertrennlich aber von dieser Apprehension ist die Reproduktion der immer vorhergegangenen für die neu apprehendirten Glieder; auch sie ist eine Funktion der Einbildungskraft. Die Reproduktion beruht auf einer Association der Vorstellungen, der aber eine gewisse Regelmässigkeit zu Grunde liegen muss, wenn anders sie einen Baustein zu einer wirklichen Erkenntniss, nicht ein rohes Bruchstück eines ungeordneten Conglomerats von Vorstellungen ergeben soll. Eine Regelmässigkeit der Association ist aber bedingt durch eine innere Affinität der Vorstellungen, welche die regelmässige Verknüpfung derselben ermöglicht. Die Affinität der Vorstellungen beruht aber im letzten Grunde auf dem Begriffe des Gegenstandes. Der Gegenstand der Vorstellungen „aber muss als etwas überhaupt = X gedacht werden, weil wir ausser unserer Erkenntniss doch Nichts haben, was wir dieser Erkenntniss als correspondirend gegenübersetzen könnten." Die Beziehung aber unserer Erkenntniss auf einen Gegenstand führt etwas von Nothwendigkeit bei sich. Aller Nothwendigkeit liegt eine Bedingung a priori zu Grunde. Diese Bedingung a priori für die Nothwendigkeit des Gegenstandes kann nichts Anderes sein, als die Einheit des Bewusstseins oder die transcendentale Apperception. Dass sich dies so verhält, zeigt sich aufs deutlichste darin, dass, wie sich direkt zeigen lässt, die Affinität wie auf dem Gegenstande, so auf der Einheit der transcendentalen Apperception beruht. Denn um das durch die transcendentale Einbildungskraft apprehendirte und reproducirte Erscheinungsmaterial zu einer Einheit zusammenzubringen, wie sie im Sinne der vorausgesetzten Affinität desselben liegt, ist es nöthig, dass die einzelne reproducirte Vorstellung als mit jener vorhin apprehendirten identisch vorgestellt werde. Diese Recognition des zeitlich getrennten als mit sich identisch ist aber nur durch die Einheit des Bewusstseins möglich. Diese ist die allgemeine Bedingung a priori der Möglichkeit aller Erfahrung. Die beiden apriorischen Faktoren der Erfahrung sind also Einbildungskraft und transcendentale Apperception. Die Erstere steht in der Mitte zwischen der Sinnlichkeit und der Letzteren. Hier setzt, wie Cohen völlig richtig bemerkt, die Lehre vom Schematismus nachher an. „Die Einheit der Apperception aber in Bezug auf die Synthesis der Einbildungskraft ist der Verstand", d. h. er steht in ähnlicher Weise zwischen Einbildungskraft und Apperception in der Mitte. Die Kategorien aber sind nichts Andres, als die Funktionen, in welchen jene Beziehung zwischen Einbildungskraft und Apperception sich vollzieht.

So stehen also alle Erscheinungen, und als solche gehen uns ja Gegenstände nur an, nothwendig unter den Kategorien, welche die nothwendigen Bedingungen jeder möglichen Erfahrung sind. Der Verstand, dem sie angehören, ist mit Rücksicht auf diese Bedeutung der Kategorien ein Vermögen der Regeln, welches durch seine Gesetzgebung Natur erst möglich macht. Damit ist der Zweck der Deduktion erreicht, die objektive Gültigkeit der Kategorien zur Genüge erwiesen.

Die Hauptabweichungen der Darstellung in der zweiten von der in der ersten Auflage sind: 1) wie schon angedeutet das Zurücktreten der psychologischen Bestimmungen, überhaupt der subjektiven Deduktion, 2) damit im Zusammenhange das bestimmtere Hervortreten des Gedankens, dass die Kategorien von objektiver Gültigkeit sind nur in Bezug auf Gegenstände der Anschauung, 3) das Zurücktreten der Bestimmungen über den Gegenstand der Vorstellungen, obwohl damit nicht gesagt sein soll, dass die Auffassung desselben eine andere geworden wäre. Die den beiden Auflagen

33

gemeinsamen Abschnitte dienen dafür zum Beweise. 4) Das bestimmtere Hervortreten der Vorstellung des Ich, des reinen Selbstbewusstseins. 5) Die Bedeutung, die dem neu begründeten Begriffe des Urtheils für die Deduktion zugeschrieben wird. 6) Die deutlichere Bestimmung des Verhältnisses von Apperception zur Einbildungskraft, mit welcher dann wieder eng zusammenhängt die Unterscheidung von intellektueller und figürlicher Synthesis. 7) Die durchgehende Behauptung der Diskursivität unsres Verstandes zur Widerlegung einer intellektualen Anschauung. 8) Die genauere Bestimmung des Verhältnisses der transcendentalen Apperception zum inneren Sinne.

Auch hier lassen sich wieder vier Gedankenreihen unterscheiden, von denen aber immer je zwei und zwei eng zusammengehören. § 15—21 und § 26 führen den Gedanken aus, wie die Kategorien von Gegenständen der Anschauung gültig sein können, und zwar führt der längere Abschnitt das Wesen der intellektuellen Synthesis aus, d. h. wie Kategorien von einer Anschauung überhaupt gültig sein können, und die kürzere Gedankenreihe, wie dieselben in Bezug auf alle Gegenstände der Anschauung „die nur immer unsern Sinnen vorkommen mögen" Geltung haben, d. h. sie legt das Wesen der Synthesis speciosa dar.

Die zwischen beide eingeschobene (§ 22—25) und die ihnen angehängte Auseinandersetzung (§ 27) hat es mit der Beschränkung der Kategorien auf das Gebiet möglicher Erfahrung zu thun.

Die Darlegung beginnt mit einer Erklärung des Begriffes der Synthesis. Die Einheit derselben liegt noch über die Kategorieneinheit hinaus. Sie muss noch höher hinauf gesucht werden, nämlich in der ursprünglichen synthetischen Einheit der Apperception. Sie ist die Vorstellung: „ich denke," durch die alle andern erst zu meinen Vorstellungen werden, ein Aktus der Spontaneität. Die verschiedenen Vorstellungen meines empirischen Bewusstseins werden erst dadurch zu meinen Vorstellungen, dass ich eine zu der andern hinzusetze, sie zu einer synthetischen Einheit verbinde. So ist die synthetische Einheit des Bewusstseins die nothwendige Voraussetzung auch der analytischen Einheit desselben. Diese synthetische Einheit hat nun denselben transcendentalen Charakter wie Raum und Zeit. Durch die Gleichstellung aber mit diesen Formen der Anschauung zeigt sich jenes früher sogenannte „Vermögen" als eine jener sinnlichen übergeordnete transcendentale Form. Die transcendentale Apperception ist also weder ein Vermögen, noch hat sie irgend welchen empirischen Inhalt, darf also nicht mit dem innern Sinne verwechselt werden. Der Grundsatz der ursprünglichen synthetischen Einheit der Apperception ist das erste reine Verstandeserkenntniss, worauf sein ganzer übriger Gebrauch sich gründet. Die blossen Anschauungsformen sind noch keine Erkenntniss. „Um eine Linie zu erkennen muss ich sie ziehen und also eine bestimmte Verbindung des gegebenen Mannichfaltigen zu Stande bringen; so dass die Einheit dieser Handlung zugleich die Einheit des Bewusstseins im Begriff einer Linie ist." Die synthetische Einheit des Bewusstseins ist nothwendig um einen bestimmten Raum zu erkennen. Jede Anschauung muss unter ihr stehen um für mich Objekt zu sein.

Also die reine Anschauung ist nur eine wissenschaftliche Abstraktion. Im wirklichen Erkennen ist sie niemals ohne die Synthesis des Bewusstseins. Nur diese lässt Raum und Zeit selbst als quanta continua wahrnehmen durch die in ihnen thätige Synthesis der produktiven Einbildungskraft.

Jener soeben angeführte Satz von dem Erkennen eines bestimmten Raumes nur durch die synthetische Einheit der Apperception ist aber noch von einer weiteren Bedeutung für das Verständniss des Grundgedankens der Deduktion. Wenn es dort heisst: „dass die Einheit dieser Handlung, (des Ziehens einer Linie) zugleich die Einheit des Bewusstseins im Begriff einer Linie ist", so folgt daraus ausser dem vorhin Geschlossenen noch einmal aufs deutlichste, wie weit Kant von der dogmatischen Vermögenstheorie entfernt ist. Das Ich wird ja in diesem Satze in einen Prozess aufgelöst, in dem es entsteht.

Wenn wir weiter darauf achten, dass die Einheit der Synthesis Einheit des Bewusstseins „im Begriff einer Linie ist, so sehen wir, dass die Einheit des Bewusstseins, welche in der Synthesis des Ziehens der Linie entsteht, in nichts Andrem besteht als im Begriff der Grösse, durch welche die Linie zu Stande gebracht wird, d. h. also, die transcendentale Einheit der Apperception ist identisch mit der in den Kategorien enthaltenen synthetischen Einheit.

Schliesslich sehen wir aber aus jenem Satze nun deutlicher als in der ersten Auflage, wie der Verstandesbegriff, hier der der Linie, entsteht unmittelbar aus einem Zusammenwirken der transcendentalen Apperception mit der produktiven Einbildungskraft, deren synthetisches Produkt ja jene Linie ist.

Mit dieser tieferen Begründung der Kategorien im Wesen des Ich hängt eng zusammen der neue tiefere Begriff Kant's vom Urtheil. Dasselbe ist nicht blos die Vorstellung eines Verhältnisses zwischen zwei Begriffen, sondern, „die Art, gegebene Erkenntnisse zur objektiven Einheit

der Apperception zu bringen." Da nun das Mannichfaltige, in einer sinnlichen Anschauung Gegebene, unter die Einheit der Apperception gehört,
die Urtheile aber nichts Andres sind, als die Verstandeshandlungen, durch
welche das Mannichfaltige unter die Apperception subsumirt wird, so ist
alles Mannichfaltige in Ansehung einer der Funktionen zu urtheilen bestimmt. Die Kategorien sind aber nach der Definition der zweiten Auflage
diese Funktionen, sofern das Mannichfaltige einer gegebenen Anschauung
in Ansehung ihrer bestimmt ist. Folglich steht auch das Mannichfaltige
in einer gegebenen Anschauung nothwendig unter Kategorien.

Wenden wir uns nun zu dem Einwande zurück, von dem wir ausge-
gangen waren, und halten ihn gegen die Kant'sche Darstellung des Dinges
an sich, so sehen wir, dass der Begriff desselben bei Kant mit der Kategorie der Causalität gar nichts zu thun hat, dass er unter ganz anderen
Voraussetzungen geboren wird, dass sein Ursprung gar nicht in der Ana-
lytik, sondern in der Aesthetik zu suchen sei, wie der auf dem Gebiete
der Aesthetik entsprungene dann aber in dem Bereiche der Ideen und des
Praktischen seine Hauptrolle spielt. Der Begriff des Causalzusammenhanges sagt bei Kant weiter nichts, als dass die Erscheinungen eine zu-
sammenhängende, fortlaufende Reihe bilden, in der jedes Glied durch ein
zeitlich voraufgehendes ebenderselben nothwendig bedingt und selbst wieder
bedingend für andere Glieder der Reihe ist, das ganze Verhältniss, wie
wohl zu beachten ist, wesentlich bestimmt durch den Begriff der Zeit.
Wie sich also Kant auch immer das Verhältniss von Ding an sich zur
Erscheinung denken mochte (er war sich aber sehr wohl bewusst, dass das
überhaupt nicht bestimmt zu denken war), unter dem Begriffe von Ursache
und Wirkung kann er es nimmer gedacht haben.

Wenn nun Jacobi weiter die Kant'sche Philosophie eine Mischung
von Empirie und Apriorismus nennt, so ist dieser Einwurf, das Wort Empirie im gewöhnlichen Jacobi'schen Sinne verstanden, schon im Vorhergehenden mit widerlegt. Jacobi versteht aber gerade in diesem Vorwurfe
unter dem Worte Empirie etwas, was auch für Kant einen Sinn hat. In
diesem Sinne nennt er das Kant'sche System das Ideal des Empirismus,
weist darauf hin, dass die Zwölfzahl der Kategorien und die Zweiheit der
Anschauungen aus der Erfahrung abgelesen sind. In diesem Sinne enthält
also der Vorwurf etwas Neues und verdient eine kurze Besprechung. Auffallend ist er allerdings in diesem Sinne nicht minder als in jenem, wo
er mit dem Haupt- und Grundeinwurf als identisch zusammenfällt. Hat
denn Jacobi den ersten Satz der Kritik nicht gelesen: „Dass alle unsere

Erkenntniss mit der Erfahrung anfange, daran ist gar kein Zweifel"? Freilich gewinnt Kant seine Grundbegriffe durch Ausgehen von der Erfahrung: durch eine genaue Analyse derselben entdeckt er sie eben, findet, dass nicht alle unsre Erkenntniss aus der Erfahrung entspringe, findet den apriorischen Faktor in unsrer Erfahrung, findet die zwei Formen der Anschauung und die zwölf Grundbegriffe des Verstandes. Soweit hat die Behauptung Recht, welche dem Kant'schen Systeme einen psychologischen Charakter vindicirt. Kant begnügt sich aber nicht, den apriorischen Faktor in unserer Erkenntniss aufgezeigt zu haben, er begnügt sich nicht mit der quaestio facti, sondern nach Vollendung dieser setzt die quaestio iuris ein, die transcendentale Deduktion, in welcher der Rechtsanspruch dieser durch Selbstbeobachtung gefundenen Formen aufgezeigt wird. Es geschieht dies, wie wir gesehen, durch den Nachweis, dass ohne dieselben keine, und wie durch dieselben eine wahre, d. h. eine allgemeine und nothwendige Erfahrung möglich sei.

So richtig verstanden mag man das Kant'sche System immerhin eine Mischung von Empirie und Apriorismus nennen. Nur sehe ich nicht ein, wie dann diese Behauptung einen Vorwurf enthalten soll, vorausgesetzt allerdings, dass man versteht, was Kant unter a priori versteht. Dass Jacobi dies nicht verstanden hat, und darum in diesem Charakter des Kant'schen Systems einen Widerspruch hat sehen müssen, bedarf einer kurzen Besprechung.

Zunächst fasst Jacobi das a priori durchaus als ein zeitliches „vor." Abgesehen von einigen schiefen Ausdrücken aber, in welchen ohne richtiges Verständniss der anderweitig deutlich genug gemachten wahren Meinung Kant's eine solche zeitliche Auffassung allerdings möglich wäre, ist derselbe weit entfernt davon das a priori irgendwie zeitlich bestimmt zu denken. Das a priori ist vielmehr aufs engste verwandt mit dem Transcendentalen und bedeutet nichts weiter als einerseits die totale Unabhängigkeit von der Empirie rücksichtlich seiner Entstehung, andrerseits die nothwendige Beziehung auf das Zustandekommen einer Erfahrung.

Gegen diese damals häufige Missauffassung des a priori hat sich Kant deutlich genug verwahrt, wenn er in den „Prolegomenen" sagt, nicht wie Erfahrung entstehe, sondern woraus sie bestehe sei seine Absicht zu zeigen. Jacobi war sich auch wohl bewusst mit seiner Auffassung des a priori als eines zeitlichen „vor" die Meinung Kant's und seiner Anhänger nicht genau wiederzugeben. Er versucht dieselbe deshalb zu rechtfertigen, indem er darauf hinweist, dass die reinen Anschauungen und Begriffe doch müssten

so vorgestellt werden können, als ob sie den empirischen auch der Zeit
nach vorausgingen. Und freilich müssen sie das, nur mit der Einschrän-
kung, dass wir uns immer vergegenwärtigen, wie sie abgesehen von jenen
ohne Bedeutung sind, und immer nur mit und an ihnen zum Bewusstsein
kommen, dass sie also dann eine blosse Abstraktion sind auf Grund der
wirklich vorhandenen Erfahrung, und nicht eine abgesehen von der Erfahrung in uns sich entwickelnde Maschinerie, in die dann, wenn sie fertig
ist, das Empfindungsmaterial nur hineingeworfen wird zur beliebigen Ver-
arbeitung.

Wir werden damit auf den zweiten Mangel der Jacobi'schen Auffassung des a priori geführt, der allerdings nur eine neue Seite des eben
behandelten ist. Indem er nämlich das a priori als zeitlich der Erfahrung
vorausgehend denkt, muthet er Kant weiter zu, den ganzen Apparat, der
zur Aufnahme des Empfindungsinhalts dienen soll, gänzlich unabhängig von
demselben zu construiren. Da ist es denn freilich nicht schwer die Unmöglichkeit einer solchen Construktion zu zeigen, das a priori als ein leeres
Spiel, einen Heiligenschein zu erweisen und lächerlich zu machen. Nur
darf man nicht meinen, dass Kant damit getroffen sei, vielmehr würde
derselbe sich über diese Carrikatur seines Systems wohl entsetzt haben.

Wir müssen auf diesen Punkt weiter unten zurückkommen, wo es sich
um das Verhältniss des reinen Mannichfaltigen zur Synthesis handelt. Hier
genügt es darauf hingewiesen zu haben, dass ein a priori nach Jacobi's
Auffassung allerdings in grellem Widerspruche stehen müsste mit dem empirischen Elemente des Kant'schen Systems, dass aber von einer solchen
der Empirie zeitlich vorausgehenden Construktion des a priori bei Kant
keine Rede sein kann.

Hier müssen wir nun auf die Widerlegung des Idealismus eingehen,
da diese für Jacobi der deutlichste Beweis ist, dass Kant den „Naturglauben voraussetzt", da er ihn ja sogar beweisen will.

Und sicherlich ist hier Kant von einer gewissen Zweideutigkeit und
Unsicherheit nicht frei zu sprechen. Mit Recht konnte und musste er dem
Vorwurfe des Idealismus gegenüber darauf hinweisen, dass bei seinem em-
pirischen Realismus die äussere Wahrnehmung zu ihrem vollen Rechte
komme, in so hohem Grade, dass die innere Wahrnehmung die Gewissheit
ihrer empirischen Realität von jener gewissermassen erst zu Lehen trage.
In dem Eifer der Selbstvertheidigung gegen unverständige Angriffe hat sich
Kant aber dazu fortreissen lassen, seine persönliche Ueberzeugung von der
Existenz von Dingen an sich, die der Welt der Erscheinung zu Grunde

lägen, bewusst oder unbewusst mit seinem erkenntnisstheoretischen Standpunkte zu vermischen und dadurch den letzteren zu verunreinigen. Kant fand es so ungereimt, dass er, der empirische Realist, der ausserdem persönlich seine Ueberzeugung von der Existenz von Dingen an sich so unzweideutig ausgesprochen hatte, immer und immer wieder für einen Idealisten ausgegeben wurde, der dies leugne, dass er zur Widerlegung jener Vorwürfe, statt sich rein auf sein erkenntnisstheoretisches System zu stützen, vielleicht verzagend seinen empirischen Realismus der Mehrheit seiner Zeitgenossen je plausibel zu machen, theils auf seine persönliche Ueberzeugung geradezu verwies (Prolegomenen), theils, was viel bedenklicher war, Gründe, die nur auf dieser Ueberzeugung beruhten, mit wirklich stichhaltigen seines Systems vermischte (2. Aufl. der Krit. Widerleg. des Ideal.).

So verhält es sich mit dem zweiten Haupteinwurfe in seinem Princip. Wir kommen nun zu der durch dasselbe verursachten Zweideutigkeit des Systems.

Nur einige Worte über die Definition von Raum und Zeit, die zunächst als Beispiel derselben angeführt wird.

Zeit und Raum sind Anschauungsformen. Gegenstände, Anschauungen selbst, einzelne Vorstellungen. Man denke!

Dass Raum und Zeit Vorstellungen genannt werden, darf zunächst nicht verwundern. Vorstellung ist eben der allgemeinste terminus, der sowohl Anschauung als Begriffe unter sich vereinigt. Aber sie sollen einerseits Anschauungsformen, also keine Gegenstände, andererseits selbst Anschauungen sein und als Gegenstände vorgestellt werden. Es ist hier wieder darauf aufmerksam zu machen eines wie colossalen Widerspruchs Kant sich schuldig gemacht haben würde, wenn zwischen den beiden sich scheinbar widersprechenden Benennungen kein Ausgleich möglich wäre. Man beachte nur den Satz, in dem beide vereinigt sind: „Raum und Zeit sind nicht blos als Formen der sinnlichen Anschauung, sondern als Anschauungen selbst a priori vorgestellt." Ja sie treten in diesem Satze nicht zufällig nebeneinander, sondern der Gedanke, dass diese Anschauungsformen zugleich selbst als Anschauungen vorgestellt werden, in denen das Mannichfaltige, was sie enthalten, als Einheit vorhanden ist, bildet den Nerv für die zweite Gedankenreihe der transcendentalen Deduktion in der zweiten Auflage. Aus jenem Gedankenzusammenhange geht aber deutlich hervor, dass die beregte Einheit nicht in Raum und Zeit selbst liegt, sondern nichts Anderes ist, als die synthetische Einheit des Bewusstseins selbst oder die transcendentale Apperception. Durch sie wird die blosse Anschauungsform

zur Anschauung selbst, zur Einzelvorstellung mit dem Inbegriffe ihres In-
halts, zum Gegenstande.

Wenn es nun am Schlusse der Amphibolie der Reflexionsbegriffe bei
Gelegenheit des vierfachen Nichts heisst, dass die blossen Anschauungs-
formen an sich keine Gegenstände sind, so wird eben ausdrücklich von dem
Inhalte dieser Form und der Einheit setzenden Thätigkeit der transcenden-
talen Synthesis des Ich abstrahirt. Es liegt auch hier wieder die zeitliche
Auseinanderhaltung des apriorischen und empirischen, welche das wahre
Verhältniss dieser Faktoren bei Kant in ihrer innigen Durchdringung
verkennt, allerletztlich zu Grunde. Denn nur unter Voraussetzung dieses
Missverständnisses lässt es sich begreifen, wie dieser scheinbare Widerspruch
ein Zeichen der Zweiendigkeit des Systems sein soll.

Die zeitliche Absonderung des apriorischen Faktors hing, wie wir
vorhin sahen, eng zusammen mit der Meinung, dass derselbe vor dem Hinzukommen des empirischen rein construirt werde, beruhte also mit derselben
auf der Anwendung psychologischer Kategorien auf das erkenntnisstheoretisch orientirte System Kant's. Jacobi zeigt uns immer einen Kant, der
uns darthun will, wie Erfahrung entsteht, und zwar 1) entsteht in Bezug
auf ihre aprioristische Grundlage und 2) in Bezug auf das empirisch dazu
hinzukommende, von welchem letzteren aber allerdings wenig die Rede ist.
Ganz natürlich, weil Kant eben gar nicht psychologisch verfährt und die
Erfahrung immer als Ganzes behandelt, in dem er es sich zur Aufgabe
macht den apriorischen Faktor jedesmal von dem empirischen, mit dem er
in der Erfahrung eng verbunden ist, im erkenntnisstheoretischen Interesse
zu sondern. Das psychologische Missverständniss der Lehre Kant's zeigt
sich nun in seiner vollen Klarheit und Thorheit in Jacobi's Charakterisirung
der widerspruchsvollen Bestimmungen der Grundbegriffe des Systems, zu
der wir jetzt übergehen.

Die Begriffe der Sinnlichkeit, Anschauung, Erscheinung, bedürfen
nur einer kurzen Bemerkung, da das über das Princip dieses Widerspruchs
Gesagte auch den vermeintlichen Widerspruch dieser Begriffe auflöst.
Freilich bedeuten diese Begriffe in Kant's System etwas Anderes als im
gewöhnlichen Menschenverstande. Aber wenn wir zugeben müssen, dass
ein Theil der Aufgabe, welche der philosophischen Wissenschaft gestellt
ist, gerade darin besteht die vulgären, unbestimmten Begriffe zu bestimmen
und scharf abzugrenzen, so dürfen wir wohl keinen Anstoss daran nehmen,
dass Kant diese Begriffe aus dem gewöhnlichen Sprachgebrauche (von dem
er ja, wie überhaupt jedesmal von der gewöhnlichen Weltansicht, ausging)

aufnahm und durch eine genauere philosophische Bestimmung ihrer Werthe
sie in Systeme einer wissenschaftlichen Weltansicht verwandte. Dass Kant
unter Sinnlichkeit u. s. w. etwas anderes verstand als z. B. Jacobi, das
konnte dem Leser, der auf das System einging, doch wohl nicht verborgen
bleiben.

Eine genauere Besprechung aber verlangen die Einwürfe gegen die
Bestimmung der Begriffe: Verstand und Vernunft, Einbildungskraft und
transcendentale Apperception.

Von Seiten Herbart's ist Kant der Vorwurf gemacht worden, dass
seine Erkenntnisstheorie auf einer psychologischen Grundlage basirt sei,
die das Gebäude nicht zu tragen vermöge. Er gehe nämlich von der alten
Ansicht mythischer Seelenvermögen aus, darauf baue sich seine ganze
Philosophie auf. Da Herbart nun schlagend nachgewiesen hat, dass jene
Ansicht durchaus unhaltbar ist, glaubt er schon von diesem Gesichtspunkte
aus die Resultate der Kant'schen Philosophie verwerfen zu müssen. Darauf
würde zunächst zu erwidern sein, dass die Resultate der erkenntnisstheoretischen Philosophie Kant's unabhängig sind von seiner Psychologie: die
Bestimmungen in der Kritik der reinen Vernunft sind nicht als psychologische Ausführungen aufzufassen, soweit sie es aber sind, hat Kant ausdrücklich ihre Irrelevanz für das Wesen seiner Erkenntnisstheorie hervor-
gehoben. Auf der andern Seite aber liefert Jacobi's Kritik der psychologischen Begriffe Kant's den schlagendsten Beweis, dass Kant, wenn auch
natürlicherweise der Herbart'schen Psychologie fernstehend, doch sicherlich
noch weiter entfernt ist von jener Theorie mythischer Seelenvermögen, die
ihm Herbart zum Vorwurfe macht.

Alle die Widersprüche nämlich, die Jacobi in den Begriffen Verstand,
Vernunft u. s. w. selbst, wie auch in ihrem gegenseitigen Verhältnisse aufgezeigt, sind sämmtlich als solche zuzugeben, wenn man mit Jacobi wirklich
auf jener Auffassung von streng gesonderten, in der Seele neben einander
liegenden Vermögen feststeht. Kant aber spricht von Funktionen, nicht
von Vermögen. Wo er, wie es allerdings ja häufig geschieht, auch hier
wieder in Anlehnung an die herrschende Auffassungsweise, von Vermögen
spricht, zeigt doch die Art und Weise, wie er die sogenannten Vermögen
verwendet, zeigen vor allem andern parallele Stellen, wo er statt des
Wortes Vermögen geradezu: Funktion, Thätigkeit, oder andere Ausdrücke,
wie Verhältniss u. s. w. einsetzt, dass er himmelweit davon entfernt ist
z. B. Einbildungskraft, Verstand, Vernunft, Apperception als streng geson-
derte seelische Vermögen im hergebrachten Sinne aufzufassen. Ich glaube,

dass meine Darstellung der transcendentalen Deduktion, in welcher namentlich der Begriff des Verstandes in seiner Stellung als einer Beziehung zwischen Apperception und Einbildungskraft deutlich hervortritt, genügen wird, um jeden Zweifel über diesen Punkt zu zerstreuen.

Nach dieser allgemeinen Beurtheilung nun zum Einzelnen!

Der Verstand ist zugleich synthetisch und analytisch, ein Vermögen des Urtheilens sowohl als des Begreifens und zwar des ersteren vor dem letzteren.

Es ist nach Kant's Auffassung der Seelenvermögen nicht abzusehen, warum der Mensch als denkendes Wesen nicht sowohl synthetisch, als auch analytisch verfahren könne. Es kommt Kant nicht darauf an zu behaupten, dass die Funktionen der Analysis und der Synthesis sich auf eine reduciren, im Grunde dieselbe Thätigkeit sind. Und nur darin könnte doch allenfalls ein Widerspruch liegen. Der Mensch hat das Vermögen des Verstandes heisst im Sinne der Kant'schen Erkenntnisstheorie nichts Andres, als dass der Mensch ein denkendes Wesen sei ausserdem dass er ein anschauendes Wesen ist, oder, dass er neben der Fähigkeit sich receptiv zu verhalten auch die andere habe spontan zu sein.

An dem zweiten Satze ist wohl nur das widerspruchsvoll, dass das Urtheilen vor dem Begreifen stattfindet, dass, wie es an andrer Stelle heisst, der Begriff erst durch das Urtheil entsteht, andrerseits das Urtheilen nur durch Begriffe möglich ist.

Freilich, sobald wir den Massstab psychologischer Construktion anlegen, ist der Widerspruch unlöslich. Bei Kant ist aber das Urtheil weder das zeitliche prius noch das zeitliche post des Begriffs; weder soll zuerst das Urtheil und dann aus ihm der Begriff entstehen noch umgekehrt; sondern indem der Mensch auf sich selbst als urtheilendes Wesen reflektirt, findet er, dass jedes Urtheil einen allgemeinen Begriff zur Anwendung bringt, dass Gruppen von Urtheilen sich unterscheiden je nach der Verschiedenheit jener allgemeinen Begriffe, die in ihnen zur Anwendung kommen. Weder ist das Urtheil vor dem Begriffe, noch der Begriff vor dem Urtheile, sondern: indem das Urtheil vollzogen wird, springt die Kategorie im Bewusstsein hervor als der allgemeine Begriff, unter dem das Urtheil zur Wirklichkeit wird.

Wenn aber weiter Jacobi mit dieser Zwiespältigkeit im Begriffe des Verstandes den Vorwurf in Verbindung bringt, dass Kant das Besondere aus dem Allgemeinen zu entwickeln unternehme, so zeigt er, dass nicht sowohl der innere Widerspruch es ist, der ihn zur Polemik treibt, als vielmehr der Gegensatz des Individualismus gegen die secirende Wissenschaft überhaupt. Wir sehen an diesem Beispiele, wie selbst die objektivsten Einwürfe, die scheinbar rein auf inneren Widersprüchen des Systems beruhen, doch immer wieder auf den persönlichen Grundgegensatz des Jacobi'schen zum Kant'schen Denken zurückgehen. „Als Individuen leben, denken und fühlen wir. Der Mensch hat das Vermögen der Antithesis, Synthesis und Analysis, weil er ein Individuum ist von Gottes Gnaden. Darum giebt es weder eine ursprüngliche Antithesis, Synthesis noch Analysis, sondern alles miteinander. Wird diese Urgemeinschaft aufgehoben, und auf der logischen Folter isolirt: so ist alles Leben, aller Bestand, alles Sein verschwunden." In der Unmittelbarkeit des Individuums ist Leben. Der Verstand verallgemeinert und kann kein Leben erzeugen, keine Synthesis vollziehen. Wenn er Gewalt hätte, würde er alles lebendige, individuelle, von Gottes Gnaden synthesirte Dasein zu einem leeren, todten Nichts analysiren.

Wenn wir nun zum Begriffe der Vernunft übergehen, so ist dieselbe kein Vermögen, wie Jacobi denkt, das mit sich in Widerspruch geräth, indem es einerseits ein verallgemeinerter Verstand, andrerseits aber die Grundlage und Gewähr des an sich Wahren wäre, sondern der Mensch ist ein vernünftiger und muss als solcher, insofern er welterkennendes Wesen ist, über den Begriffen, welche der Welterkenntniss im Einzelnen zu Grunde liegen, und aus denselben andere erzeugen, welche der Erkenntniss der Welt als eines Ganzen zu Grunde liegen, ohne welche Erkenntniss ja auch eine Erkenntniss des Einzelnen, eine Erfahrung nicht möglich wäre. Diese allgemeinen Begriffe oder Ideen, welche der Mensch zwar für sein Welterkennen erzeugt, aber getrieben von einem Impulse, den er als handelndes Wesen in sich trägt, sind ihm eben darum wie für das theoretische Erkennen regulative Ideen, so für das handelnde Leben wirksame Postulate, ohne die ein sittliches Handeln nicht möglich ist. Also weder werden diese „Hirngespinnste" hintendrein auf dem praktischen Gebiete zu theoretischen Wahrheiten, wie Jacobi immer will, noch giebt es ein mythisches Seelenvermögen der Vernunft, welches in sich selbst widerspruchsvoll wäre, noch steht es mit einem andern ähnlichen mythischen Wesen, genannt Verstand, in unversöhnlicher Disharmonie.

Ebensowenig giebt es ein Vermögen der Einbildungskraft, welche einmal als produktiv, ein andermal als reproduktiv bezeichnet wird, sondern unter den Funktionen, welche sich bei der Zergliederung des spontanen Faktors unsrer Erkenntniss zeigen, finden wir eine produktive, die mit einer andern, reproduktiven, in steter Wechselwirkung erscheint. Um dieser engen Beziehung willen, in der beide Funktionen stets gefunden werden, scheint es angemessen ihnen denselben Namen beizulegen. Einbildungskraft heisst dieser gemeinschaftliche Name, weil dieselben in dem Durchschnitte des Erkenntnissprozesses ihre Stelle näher dem receptiven Faktor der Sinnlichkeit haben. Denn unter Einbildungskraft pflegen wir eine Kraft der Seele zu verstehen, welche obwohl vom denkenden Ich ausgehend doch in naher Beziehung zur Sinnlichkeit steht.

Im Uebrigen ist auch hier wie anderwärts anzuerkennen, dass auf diesem schwierigen Gebiete, wo sich Erkenntnisstheorie so nahe mit der Psychologie berührt, die Ausdrucksweise Kant's nicht immer die Bestimmtheit besitzt, die man derselben wünschen möchte. Ich vermag z. B. nicht zu sehen, wie Kant es rechtfertigen würde, dass er die reproduktive Einbildungskraft einmal ausdrücklich zu den transcendentalen (K. R. V. Kirchm. p. 663), das andre mal ebenso ausdrücklich zu den nicht transcendentalen Funktionen rechnet (K. p. 153). Wie dem aber auch sei, ein wesentlicher Widerspruch, der für Kant's Erkenntnisstheorie von verhängnissvollem Einflusse sein könnte, liegt in solcher Ungenauigkeit der Terminologie nicht vor.

Schliesslich soll ein bedenklicher Widerspruch darin bestehen, dass die Einheit der Apperception einmal unabhängig von allen sinnlichen Bedingungen und dann doch an andrer Stelle wieder nur in der Anschauung gegeben sein soll.

Man sollte es fast nicht für möglich halten! Wenn die ganze Kritik Jacobi's auf so flüchtiger Lektüre der Kritik der reinen Vernunft beruhte, dürfte es nicht der Mühe werth sein, sie der Widerlegung zu würdigen. Doch zur Sache!

Der erste Satz des Widerspruchs ist klar und enthält nichts Auffallendes. Desto mehr aber der zweite, der dem ersten widersprechen soll. „Sie, (die transcendentale Apperception) kann nur in der von ihr unterschiedenen Anschauung gegeben und durch Verbindung in einem Bewusstsein gedacht werden." (Jacobi Werke III, 160.) Das sollte Kant gesagt haben? Er muss wohl! denn die fragliche Stelle ist durch ein Citat belegt. Aber was sagt Kant an der citirten Stelle?: „denn durch das Ich als einfache Vorstellung ist nichts Mannichfaltiges gegeben: in der Anschauung, die davon unterschieden ist, kann es nur gegeben und durch Verbindung in einem Bewusstsein gedacht werden." Sowohl Grammatik, als Zusammenhang, als Kant's Lehre erfordern, dass das Wörtchen „es" auf das nächstvorausgehende Neutrum „das Mannichfaltige" bezogen werden. Aber dann gäbe es ja keinen Widerspruch, und einen derartigen Unsinn Kant in die Schuhe zu schieben wäre doch gar zu schön; also gegen jene drei Instanzen wird ohne Bedenken das „es" auf das viel weiter zurückliegende Ich bezogen. Bei einer solchen Weise der Interpretation ist es allerdings, zumal bei einem Schriftsteller wie Kant, nicht schwer Widersprüche über Widersprüche zu entdecken. Man sollte sich doch scheuen, Kant wie einen Schulknaben zu behandeln, dem man Alles zutraut!

Der Widerspruch, der zwischen den einzelnen Vermögen in ihrem Verhältnisse zu einander bestehen soll, ist zum Theil schon im Vorhergehenden berührt, da er oft unzertrennlich zusammenhängt mit der vermeintlichen Unklarheit in der Bestimmung des Vermögens in sich. Hier nur noch folgende Bemerkungen: Wenn Jacobi sich darüber wundert, dass bei Kant der Verstand der Einbildungskraft bald vorausgeht, bald nachfolgt, so ist das natürlich nur eine nothwendige Folge seiner Vermögenstheorie. Kant kennt kein Vermögen der Einbildungskraft und kein Vermögen des Verstandes, am allerwenigsten aber will er über die Zeitfolge ihrer Entstehung etwas ausmachen. Er will ja nicht angeben wie Erfahrung entsteht, sondern woraus sie besteht. Noch viel weniger aber will er auseinandersetzen, wie die Seele selbst in der Zeit entstehe. Der scheinbare Widerspruch erklärt sich einfach daraus, dass Verstand einmal der allgemeinste, zusammenfassende Terminus für alle die Funktionen ist, die nicht zur Sinnlichkeit gehören, andrerseits aber im engeren Sinne jene Beziehung zwischen Apperception und Einbildungskraft bedeutet, in welcher die Kategorien allererst zu Tage treten.

Den breitesten Raum aber nimmt in den Schriften Jacobi's die Polemik gegen die Bestimmung des Verhältnisses von Verstand und Vernunft ein. Wir fassten sie am bequemsten und schlagendsten in dem Satze zusammen: Implicite wird der Verstand der Vernunft, explicite die Vernunft dem Verstande untergeordnet.

Man darf sich nur von der falschen Vorstellung losreissen, als ob die praktische Vernunft ein zweites Vermögen theoretischen Erkennens neben der theoretischen Vernunft sei, oder, wie Jacobi sich ausdrückt, „als ob Kant zwei specifisch verschiedene Erkenntnissvermögen voraussetzt", um ein für allemal überzeugt zu sein, dass von einem solchen Zwitterverhältnisse von Vernunft und Verstand bei Kant keine Rede sein kann. Das Verhältniss ist einfach dieses:

Insofern der Verstand für den erkennen' n und für den handelnden Menschen eine unentbehrliche Funktion ist, kann von einer Unterordnung desselben unter die Vernunft eigentlich nicht die Rede sein. Wenn aber ein Werthunterschied festgestellt werden soll, so kann es nicht zweifelhaft sein, dass die Vernunft das Höhere von beiden ist, da sie als Zweck setzende sowohl dem praktischen als dem theoretischen Verhalten des Menschen zu Grunde liegen muss. Wenn aber, wie es nöthig ist, das praktische Gebiet als ihre eigentliche Domäne angesehen werden muss, so ist sie schon darum dem Verstande um soviel übergeordnet, als das sittliche Leben die höher zu schätzende Seite des menschlichen Daseins ist, diejenige, auf welche alles andere im Menschen im letzten Grunde sich bezieht. Nur darum erscheint die Vernunft auf dem theoretischen Gebiete als untergeordnet, weil der Verstand nachzuweisen vermag, dass ihren Ideen keine theoretische Objektivität zukommt. Ist aber die Vernunft als wesentlich praktische Funktion erkannt, so kann ihrem Werthe dadurch Nichts abgehen, dass sie etwas nicht leisten kann, was sie ihrer ganzen Bestimmung nach gar nicht leisten soll. Kant hat die Grenzen des Verstandes- und des Vernunftgebrauchs und ihre gegenseitigen Beziehungen aufs schärfste bestimmt, abwechselnd die eine der anderen untergeordnet aber hat er nicht.

Wir haben uns nun allmählich bis zu dem Centrum der Einwürfe unseres Gegners den Weg gebahnt. Denn in keinem Punkte soll sich die innere Haltlosigkeit der Kant'schen Philosophie so auffällig zeigen als in der Bestimmung eines reinen Mannichfaltigen und einer reinen Synthesis. Das ist für Jacobi die Achillesferse des ganzen Systems. Gegen diesen Mangel gehalten erscheinen ihm alle anderen nichtig. Kann uns Kant über diesen Punkt seines Systems verständigen, dann hat er gewonnen; alles andere folgt dann mit voller Consequenz.

Es muss auf den, dem es gelungen ist in den wirklichen Gedankengängen Kant's heimisch zu werden, einen nahezu komischen Eindruck machen, wenn er (Werke III, 159) liest, dass Kant, um das reine Mannichfaltige, den ursprünglichen Träger des Systems, entstehen zu lassen, die Methode erfand, bald hinter dem einen, bald hinter dem anderen Vermögen des Gemüthes es zu suchen und am Ende sich einzubilden, es sei in der That gefunden. Was giebt wohl in der Kritik der reinen Vernunft dem Beurtheiler das Recht, ihr ein solches Suchen des reinen Mannichfaltigen hinter den einzelnen Vermögen des Gemüthes aufzubürden? Die citirten Worte bilden den Eingang der Koeppenschen Fortsetzung (im „Unternehmen"), sind also wohl als dessen Worte anzusehen. Schwebte ihm nicht vielleicht das Verfahren seines Freundes Jacobi im ersten Theile der Abhandlung mehr vor, als was Kant selbst über das reine Mannichfaltige sagt? Jacobi's eigenthümliche Polemik besteht ja gerade darin, und ist darum so obstrus, dass er das reine Mannichfaltige hinter allem Möglichen zu entdecken sucht, um zu zeigen, dass es nirgends zu finden sei. Was würde sich wohl der, welcher Kant nur aus Jacobi's Polemik in dem berührten Theile „des Unternehmens" kannte, für eine Vorstellung von dieses Philosophen Methode machen müssen! — Oder dachte Koeppen vielleicht, als er jene Worte niederschrieb, an „die Einheit der Apperception, die nur in der von ihr unterschiedenen Anschauung gegeben sein kann."?! Was dann freilich so aufgefasst werden könnte, als ob man das reine Mannichfaltige der Anschauung hinter der transcendentalen Apperception habe suchen wollen.

Ebensowenig aber wie diese Voraussetzung trifft die ganze Widerlegung des reinen Mannichfaltigen und der reinen Synthesis irgendwie Kant. Jacobi macht sich seinen Kant, einen Strohmann, den es ihm dann nicht schwer fällt in Flammen und Ranch aufgehen zu lassen.

Was Jacobi (II, 178) von der sinnlichen Eigenthümlichkeit seines Denkens sagt, wird durch die Betrachtung seiner Kant-Kritik als richtige Selbstbeurtheilung bestätigt. Das Bedürfniss jeden Gedanken sich sinnlich wahrnehmbar zu machen, ist ihm das Hinderniss gewesen, Kant's Gedanken Gerechtigkeit widerfahren zu lassen. Daher jene sinnliche Ausdrucks- und Vorstellungsweise, daher das Missverständniss des a priori als eines zeitlichen „vor." Daher die Verwandlung der transcendentalen Vorstellungen in psychologische, daher der Versuch einer nicht blos logischen, sondern sinnenfälligen Trennung von Empirischem und Transcendentalem und einer abgesonderten, für sich bestehenden, überall unter sinnlichen Bildern ausgeführten Construktion des Letzteren als eines Gerüstes, zu dem dann das Empirische nur hinzukommt zur Ausfüllung der Fächer. Alle diese Fehler zeigen sich am augenfälligsten bei dem jetzt zu behandelnden Einwande, der den Hauptinhalt der Haupt-Kantschrift Jacobi's bildet. Der Raum, die Zeit, das reine Bewusstsein sind drei ziemlich sinnlich gedachte Einheiten, so sinnlich, dass ein zweiter Raum für nöthig gehalten wird, um an dem ersten irgend welche Operationen zu vollziehen. Sie sind compakte Einheiten, die durch Nichts a priori in ein reines Mannichfaltiges „zerbrochen" werden können, um einer ebenso sinnlich vorgestellten Synthesis einen Stoff zu geben. Die ganze Polemik wird gegenstandlos, sobald wir uns die wirklichen Gedanken Kant's vergegenwärtigen. Von der „ganzen apprioristischen Weberei" ist in denselben Nichts zu finden. Die Vorstellungen von Raum und Zeit sind nichts vor der Erfahrung als mystische

Einheiten Gegebenes, sondern: „dass alle unsere Erfahrung mit der Erfahrung anhebe, daran ist gar kein Zweifel". Wenn wir aber den empirischen Faktor von dem Bestande unserer Erfahrung ausscheiden, so bleibt ein Residuum, welches, obwohl an der Erfahrung allererst zum Bewusstsein gekommen, aus derselben doch nicht entsprungen, sondern vielmehr aus unserer Spontaneität erzeugt ist, aber bei Gelegenheit der empirischen Erfahrung und mit ganz bestimmter Beziehung auf dieselbe, insofern aus derselben eine wirkliche Erfahrung werden soll. Letzteres ist der wahre Sinn des a priori bei Kant. Bei weiterer Zergliederung nun jenes gewonnenen apriorischen Faktors unserer Erkenntniss zeigt sich, dass derselbe nicht ein in sich gleichartiger sei, sondern dass er in zwei Aeste auseinandergehe, von denen der eine im anschauenden, der andere im denkenden Vermögen seinen Ursprung hat. Der erstere sondert sich wiederum in zwei von einander geschiedene Zweige, die reine Anschauung des Raumes und die der Zeit. Weit entfernt metaphysische Einheiten zu sein sind sie Bewusstseinsfunktionen, die abgesehen von räumlichen und zeitlichen Grössen nichts sind, ja gar nicht entstehen können. Sie sind weiter nichts als die reinen Formen, oder Bedingungen, unter denen räumliche und zeitliche Anschauung uns zu Theil werden kann. Sie sind also reine Beziehungs- oder Verhältnissvorstellungen, die bei Abstraktion von dem Empfindungs- materiale, welches sie für uns erst zu einem Moment unserer Erfahrung machen, gar nichts sind als eben ein reines Mannichfaltiges für eine mögliche Erfahrung. Weit entfernt also eine Nöthigung zu fühlen in Raum und Zeit ein reines Mannichfaltiges hervorzubringen, kann Kant die Vor- stellung von Raum und Zeit nur haben als ein reines Mannichfaltiges, eine reine Beziehung möglicher Gegenstände im Verhältnisse entweder der Neben- oder Nacheinander-Ordnung.

Zu Einheiten also, zu Einzelvorstellungen oder Anschauungen selbst oder Gegenständen werden diese reinen Formen erst durch ihre Beziehung auf die transcendentale Apperception, die freilich nicht erst, wie Jacobi sich vorstellt, hinterher an sie herangebracht wird, sondern, wenn wir denn einmal empirisch-zeitliche Kategorien auf das transcendentale Gebiet anwenden sollen, zugleich mit ihnen da ist. In transcendentaler Hinsicht wird ja, wir können es nicht oft genug hervorheben, die Erfahrung nicht in ihrer psychologischen Entstehung, sondern in ihrem faktischen Be- stehen b .rachtet. Es wird, um einen treffenden Ausdruck Stadler's zu gebrauchen, ein Querschnitt durch die völlig ausgebildete, normale Erfahrung gemacht und nun analysirt und in seinem gegenseitigen nothwendigen

Verhältnisse dargethan alles, was sich in diesem Querschnitte als consti-
tuirender Faktor zugleich vorfindet.

Ist aber Raum und Zeit gar nichts Anderes als ein reines Mannichfaltiges, die reine Anschauungsbedingung einer getheilten Erfahrung, fällt
also der eine Haupteinwurf hin, so fällt zu gleicher Zeit die Hauptschwierigkeit für das Zustandekommen einer reinen Synthesis ganz von selbst weg.

Ehe wir aber an die andern vermeintlichen Schwierigkeiten herantreten,
möchte ich noch auf eine Verkehrung von klaren Worten Kant's aufmerksam
machen, die jener oben besprochenen (S. 43 f.) nicht unähnlich ist.

Um aus dem Begriffe der Synthesis selbst im Sinne Kant's die Nothwendigkeit einer passiven Einheit, die durch die aktive erst in ein Mannichfaltiges zum Behufe der Synthesis durchbrochen wird, zu ermiren, giebt
er eine genaue quellenmässige Darstellung des Begriffes der Synthesis nach
dem 3. Abschnitte des Leitfadens u. s. w. (Jac. Werke III p. 128 ff.) Sie
wird ausdrücklich als Handlung definirt, auf der folgenden Seite macht
Jacobi aus der Handlung ein Vermögen. Wenn es nun bei Kant weiter
heisst: „die Synthesis ist die blosse Handlung der Einbildungskraft", so
unterbricht sich der Kritiker triumphirend, um auf den ungeheuren Widerspruch hinzuweisen, dass dieselbe Synthesis einmal ein Vermögen, das
anderemal eine Wirkung genannt wird. Aber Kant nennt sie ja eine
Handlung, Jacobi ist es ja, der sie eben erst vor wenig Zeilen zu einem
Vermögen gestempelt hat! Selbst wenn Kant einmal ungenau die Synthesis
ein Vermögen nennen würde, was er meines Wissens nicht thut (Vermögen
der Synthesis ist etwas anderes), so wäre aus der Definition klar, dass er
sie in Wahrheit als eine Handlung denkt. Die unmittelbar nach dem aus-
gespielten Trumpfe citirte Stelle wäre ausreichend gewesen Jacobi ein für
allemal zu belehren, was es mit dem Terminus Vermögen bei Kant auf sich
habe, indem er in derselben die so oft Vermögen genannte Einbildungskraft
als „eine Funktion der Seele" definirt.

Nun zu der anderen Hauptschwierigkeit in Bezug auf eine reine Synthesis. Giebt es nämlich ein reines Mannichfaltiges, so ist es ja schon als
geeint gegeben, sei es im Raume oder in der Zeit oder im Bewusstsein,
wozu also noch die Synthesis?

Die Schwierigkeit ist schon im Vorhergehenden erledigt. Wir haben
gesehen, dass Raum und Zeit nicht von vornherein materielle Einheiten
sind, die in ein Mannichfaltiges erst getheilt werden müssten; das reine
Bewusstsein aber ist kein Mannichfaltiges, sondern die blosse Einheits-
funktion, „das: Ich denke, welches alle unsere Vorstellungen muss begleiten

können", ihre Beziehungen auf die Einbildungskraft sind die Kategorien, unter welche das Mannichfaltige subsumirt wird. Durch die transcendentale Apperception oder das reine Bewusstsein wird eine reine Raum- und Zeitanschauung als Erkenntniss erst möglich. Die in der Einbildungskraft ursprünglich geübte Synthesis des im Raume gegebenen Mannichfaltigen zu einer Einzelvorstellung wird Erkenntniss erst durch Erhebung in den Begriff, welcher nur durch die Thätigkeit des Ich möglich ist.

Ein blosses Nebeneinander, sei es im Raume oder in der Zeit, ist noch keine Einheit. So verlangt das reine Mannichfaltige um zum Bestandtheile einer Erfahrung zu werden nothwendigerweise eine Handlung der Verknüpfung, die zunächst von der Einbildungskraft ausgehend um zu Erkenntniss zu werden zum Begriffe erhoben werden muss durch die Thätigkeit des Ich oder des reinen Bewusstseins.

Das ist der Sachverhalt bei Kant, der, möge er der Wahrheit entsprechen oder nicht, wenigstens von den Ausstellungen Jacobi's meiner Ueberzeugung nach nicht getroffen wird.

Ueber die wunderbare Construktion der Erkenntnissvermögen in ihrem gegenseitigen sich Bedingen und Hervorbringen braucht nach unsrer Darstellung der transcendentalen Deduktion, namentlich der in der ersten Auflage, und dem bei Gelegenheit der einzelnen Vermögen Gesagten Nichts mehr hinzugefügt werden. Namentlich wenn man sich dessen erinnert, was passim über psychologische Missinterpretation und Uebertragung der Vorstellungen zeitlicher Succession auf das Gebiet des Transcendentalen bemerkt worden ist.

So bliebe uns denn nur noch der Begriff der reinen Bewegung übrig, der ja für jene Selbsttäuschung in Bezug auf den ersten Knoten im reinen Bewusstsein hauptsächlich verantwortlich gemacht wird. Es ist zunächst zuzugeben, dass der Begriff der Bewegung einer der schwierigsten philosophischen Begriffe ist, dass es also von vornherein nicht unmöglich wäre, dass Kant an diesem Punkte ebensowenig die Probe der Kritik aushielte wie andre Systeme. Es ist aber auf der andern Seite nicht zu glauben, dass Kant sich eines so colossalen Widerspruchs schuldig gemacht habe als der von Jacobi ihm vorgeworfene sein würde, gerade um desto weniger zu glauben, weil er ihn begangen haben müsste „ohne in seiner Unbefangenheit einmal roth darüber zu werden," (Jac. Werke III, 169). Ja, die Sache liegt noch viel schlimmer, als es nach Jacobi's Darstellung aussieht. Auf p. 155 (der 2. Aufl., nach der Jac. citirt), wo er über die apriorische Bewegung spricht, hat Kant nicht etwa vergessen, was er über den

4

empirischen Ursprung der Bewegung gelehrt hat, sondern in derselben Anmerkung p. 155 (Kirchm. 154) setzt er beide in ausdrückliche Beziehung zu einander, indem er die apriorische mit vollem Bewusstsein von der empirischen scheidet. Diese „unbefangene" Nebeneinanderstellung schliesst aber die Möglichkeit eines Widerspruches in Jacobi's Sinne einfach aus.

Das Wort Bewegung vereinigt in sich eine ganze Reihe von Begriffen. Die apriorische ist etwas ganz andres als die empirische ·Bewegung. Es ist vielleicht missverständlich, dass Kant beiden denselben Namen belassen hat, obwohl er durch ausdrückliche Unterscheidung das Missverständniss zu verhüten gesucht hat. Die apriorische Bewegung als Beschreibung eines Raumes ist nichts Anderes als die spontane Anerkennung des gegebenen reinen Mannichfaltigen im Raume und in der Zeit. Die reine Mannichfaltigkeit kann zu einem erkenntnisstheoretischen Bestandtheile des Bewusstseins nicht werden, ohne dass dieselbe durch das Bewusstsein vollzogen wird. Ein solcher spontaner Vollzug jener gegebenen Thatsache ist z. B. das Ziehen einer Linie. Wenn man dies Bewegung nennen will, so ist sie jedenfalls wesentlich verschieden von der eigentlich so genannten Bewegung empirischer Gegenstände im Raume. Nicht die von Kant im Widerspruche mit sich selbst erfundene apriorische Bewegung macht das reine Mannichfaltige im Raume verständlich, sondern umgekehrt: mit dem Vorhandensein eines reinen Mannichfaltigen ist unzertrennlich gegeben jene reine Bewusstseinsfunktion der Beschreibung des Raumes, — und der Zeit, kann man hinzusetzen, da durch sie erst der Begriff der Succession hervorgebracht wird. Wer also das Wesen von Raum und Zeit als Verhältniss-vorstellungen nicht einzusehen vermag, für den ist freilich auch die apriorische Bewegung ein unlösbares Räthsel.

Nachdem uns am Anfang versichert und oft wiederholt worden ist, dass Kant's kritisches System reiner Empirismus nur mit einem apriorischen Heiligenscheine sei, dass der Gegensatz zwischen dem apriorischen und dem empirischen Faktor der Grund seiner Zweiendigkeit und Zweideutigkeit sei, nimmt es uns ein wenig wunder am Ende der Bekämpfung den Satz zu finden, dass der eigentliche Weg der Unwahrheit dieser Philosophie darin bestehe, dass das Individuum ursprünglich erzeugt werden soll, dass, wie es an anderer Stelle heisst, die ursprüngliche Synthesis ohne Antithesis der Grundfehler dieses, wie jedes aprioristischen Systems sei.

Welches von beiden ist denn die wahre Meinung des Verfassers? Denn beide vertragen sich doch nicht miteinander, lassen sich nicht zu einer einzigen vereinigen. Haben wir hier nicht wieder einen ganz ähnlichen Widerspruch in Jacobi's Beleuchtung des Kant'schen Philosophirens, wie

am Anfange unserer Besprechung? Dort fanden wir, dass Jacobi nicht
zugleich ein und dasselbe System als reinen Idealismus diskreditiren und
es dann doch als eine Mischung aus idealistischen und empirischen Motiven
mit entschiedenem Uebergewichte des Empirismus verurtheilen dürfe. Hier
hören wir nun wieder, dass nicht eigentlich diese Mischung das System
widerspruchsvoll mache, sondern sein reiner Apriorismus. Aber abgesehen
von der Unklarheit, die durch diesen zusammenfassenden Vorwurf in die
ganze Beurtheilungsweise gebracht wird, dürften wir demselben insoweit
die Zustimmung nicht versagen, als wirklich ein rein aprioristisches System
im Sinne der Jacobi'schen Polemik eine Unmöglichkeit ist. Nur wird aus
der ganzen vorhergegangenen Erörterung klar geworden sein, dass Kant's
Erkenntnisstheorie nichts weniger ist als ein System metaphysisch aprio-
ristischer Construktion der Welt des Besonderen aus dem reinen Nichts.
Der Einwurf bedarf also nicht noch einer besonderen Widerlegung.

Wir haben nun noch Einiges über die Einwürfe gegen Kant's praktische Philosophie hinzuzufügen. Manches davon musste schon bei Gelegenheit der theoretischen vorweggenommen werden, da in dem Begriffe der
Vernunft sich beide Seiten des Kant'schen Denkens eng berühren. Schon
der Vorwurf des Idealismus liess sich nicht widerlegen ohne Rücksichtnahme
auf die praktische Philosophie.

Wir dürfen vor allem den Einwurf, dass die Vernunftideen auch in
der praktischen Philosophie zu keiner wahrhaften Realität kommen, für im
Vorausgehenden schon erledigt ansehen. Nur die Thatsache verdient als
auffallend erwähnt zu werden, dass Jacobi hier gegen Kant verwendet, was
ihm selbst oft zum Vorwurf gemacht worden ist. Wenn Fr. Schlegel in
seiner Woldemar-Recension unserem Philosophen vorwirft, dass er statt des
kategorischen Imperativ einen hypothetischen Optativ lehre, so ist das doch
auf ein Haar dasselbe, als wenn Jacobi urtheilt: (Werke III, 183) „Die
Grösse des Bedürfnisses hebt nicht die Unmöglichkeit auf, gewissen Ideen
objektive Existenz zu verleihen."

Ehe wir nun an die Beurtheilung der wenigen direkten Einwürfe
gegen Begriffe der Kant'schen Moral herangehen, müssen wir mit einigen
Worten die Gesammtstellung charakterisiren, welche in Bezug auf die
Auffassung der Sittlichkeit Jacobi Kant gegenüber einnahm. Die Differenz
zwischen ihnen ist auch in dieser Hinsicht keine geringe. Der Gegensatz
lässt sich unter denselben Gesichtspunkt bringen, unter dem wir auch den
Gegensatz auf theoretischem Gebiete betrachteten. Aber die Differenz ist
zu keiner eigentlichen Polemik geworden. Die Hauptschrift, in welcher
Jacobi seine Ansichten über das Wesen der Sittlichkeit niedergelegt hat,

4 *

der Woldemar, stammt seinem wesentlichen Inhalte nach aus der vorkritischen Zeit. Auch das ist bezeichnend, dass der erste und vielleicht heftigste Angriff, welchen Jacobi gegen die Grundlage der praktischen Philosophie Kant's richtet, in einem Privatschreiben, dem an Fichte, sich findet, welches erst späterhin mit ausdrücklicher Betonung dieses seines ursprünglichen Charakters zur Veröffentlichung bestimmt wurde.

Noch im Jahre 1793 giebt er in dem Briefe an Ehrenburg (Werke 1, 297) eine von uneingeschränktem Beifalle begleitete Darstellung der Kant'schen Moralphilosophie; „denn was die Herleitung und Hinleitung desselben (des Hauptgrundsatzes dieser Philosophie, der Unabhängigkeit des Princips der Sittlichkeit von dem Principe der Selbstliebe) im Ganzen seines Systems noch irriges an sich haben mag, wird bald weggeräumt sein und ist es schon zum Theil."

Ebendarum aber, weil die Gesammtdifferenz der Jacobi'schen Sittenlehre von der Kant'schen sich, wie es scheint, absichtlich nicht zu einer eingehenden Polemik, wie die auf theoretischem Gebiete vorhandene, entwickelt hat, halte ich es innerhalb der Grenzen meiner Aufgabe nicht für berechtigt auf diese Differenz weiter einzugehen, als zum Verständnisse der wirklichen Einwürfe unerlässlich ist.

Wir sagten eben, dass diese Differenz sich unter denselben Gesichtspunkt stellen liesse wie die, welche auf theoretischem Gebiete zwischen beiden Männern vorhanden war. Wir haben dort aber auf Schritt und Tritt gesehen, dass der Gegensatz nicht ein rein wissenschaftlicher, sondern ein durchweg subjektiv orientirter gewesen ist. Trotz bewusster bedeutender Aehnlichkeit der beiderseitigen Weltansicht bildet immer und immer wieder für Jacobi ein nicht zu überwindendes Hemmniss das wissenschaftliche Verfahren Kant's, der trotz ausdrücklicher Anerkennung der Unmöglichkeit einer wissenschaftlichen Entwickelung auf dem höheren Gebiete der Realität doch versucht das Ganze seiner Weltansicht zu einem wissenschaftlich vermittelten Systeme zu gestalten. Denn Jacobi's Wesen, so gross auch sein Scharfsinn im Einzelnen ist, besteht in der Unmittelbarkeit des Gefühls, dem vor einer scharfen wissenschaftlichen Bestimmung seiner Objekte graut, weil er dadurch die Heiligkeit derselben für gefährdet hält. Es ist mit einem Worte der Gegensatz des Individualismus eines wesentlich religiös bestimmten Gefühls, und des Objektivismus einer wesentlich moralisch bestimmten Vernunft, der Gegensatz von Sturm und Drang, allerdings in seiner massvollsten Gestalt, und Aufklärung, in ihrer philosophischsten Vertiefung, die wir in dem Verhältnisse von Jacobi und Kant repräsentirt finden.

Dieser Gegensatz. den wir hauptsächlich auf dem Gebiete der Speku-
lation fanden. ist aber derselbe auch auf dem Gebiete der sittlichen Welt-
betrachtung. Er äussert sich am deutlichsten und lässt sich deshalb am
leichtesten aufzeigen an der verschiedenen Auffassung des Sittengesetzes.
Die durch lebenslanges consequentes Denken geschulte Vernunft Kant's
sieht in demselben die absolute. a priori jedem vernünftigen Wesen als sol-
chem in seiner zwingenden Gewalt völlig bewusste, unabänderliche Norm,
den kategorischen Imperativ. Wir können uns demselben wohl entziehen.
aber die Anerkennung können wir ihm nicht versagen. Individuelle Verhältnisse, Verschiedenheit äussrer Lebenslage, sind ohne Einfluss auf diese
sich stets gleich bleibende, mit absoluter Gewalt auftretende Norm des vernünftigen Handelns. Der Begriff der Pflicht ist sein subjektives Correlat,
Achtung der Name für das Verhältniss zwischen dem menschlichen Gefühle und jenem. Alles, was mit dem Gefühle der Lust und Unlust irgendwie zusammenhängt, ist von demselben streng ausgeschlossen. Seine Sphäre
ist das Allgemeine, alles Individuelle als empirisch bestimmt muss von derselben sorgfältig fern gehalten werden.

Gegen eine solche Sittenlehre, so erhaben sie auch ist, auch nach
dem Urtheile Jacobi's, empört sich doch das ganze sittliche Gefühl unsres
Philosophen. Das Individuum ist die Norm des sittlichen Handelns. Statt
des kategorischen Imperativ mit seinem in allen Fällen, für alle Individuen
gleichlautenden „Du sollst" will er das aus sich selbst nach natürlichen
Impulsen ungehemmt handelnde gute Individuum (W. V, 417 f. „Gerecht,
tugendhaft ist, was der Gerechte seinem Charakter gemäss thut"). Statt
des allgemeinen reinen Vernunftgesetzes, welches nothwendig ein blos for-
males sein muss, verlangt er das in Gott gegebene, durch das Gottesbe-
wusstsein im Individuum mit seinem Selbst unzertrennlich verbundene objektive Gute als Bestimmungsgrund des Willens. Das Gute ist keine blosse
Form, die unbekümmert um jeden Inhalt gleichmässig dieselbe bleibt. sondern ein lebendiger Inhalt. das gute Individuum selbst,' das aus sich heraus,
seinem unmittelbaren Impulse folgend handelt, und in dem einzelnen Falle
entscheidet, was zu thun, was zu lassen sei. Dasselbe. was in dem einen
Falle schlecht, kann in dem andern gut sein. Eine allgemeine Norm ist
todt, vernichtet das Leben. Desdemona's Lüge ist Tugend wie Otho's Selbst-
mord u. s. w. (W. III, 37.)

Es ist bei einer solchen individuellen Fassung des Sittlichen klar, wie
schwierig es sein muss eine treue Darstellung von Jacobi's Ansichten über
das Wesen des Sittlichen zu geben. Vermöge ihres Individualismus sind
sie schwankend, scheuen scharfe Begriffsbestimmungen. Wie wohlthuend

den Leser das sittliche Pathos Jacobi's verbunden mit seinem in solchen
Stellen immer edlen und schwungvollen Stile auch anmuthet, so schwer ist
es doch ihren Inhalt auf wissenschaftlich stichhaltige Formeln zu bringen.
Ich würde nicht wagen im Woldemar die Sätze, die den handelnden Per-
sonen in den Mund gelegt werden, streng von denen zu scheiden, die des
Dichters eigene Ueberzeugungen ausführen. Keiner der auftretenden Cha-
raktere scheint mit dem Verfasser durchaus identificirt werden zu dürfen.
Soviel aber ist klar, dass Jacobi, so gross auch sein Gegensatz gegen ein
äusserlich geltendes, allgemein normatives sittliches Gesetz gewesen ist,
doch die Mängel einer extrem individualistischen sittlichen Ansicht wohl
gefühlt hat. Das zeigt der Schluss des Woldemar unwiderleglich. Zwischen beiden Extremen nimmt er seine Stellung. Gesetz ist, was das gute
Individuum thut, wenn es aus dem Wesen seiner Selbstthätigkeit heraus
handelt, dürfte im Allgemeinen seine Ansicht sein.

Kurz, und am wenigsten missverständlich ausgesprochen finde ich
seinen sittlichen Standpunkt gerade an der erwähnten Stelle im Briefe an
Fichte. Dort finden wir den enthusiastischen Gegensatz des Individualismus gegen den „Willen, der Nichts will, die hohle Nuss der Selbständig-
keit und Freiheit im absolut Unbestimmten": dort aber auch die Anerkennung, dass dieser Begriff des Willens nothwendig zu Grunde gelegt werden
müsse, wenn ein allgemein gültiges, streng wissenschaftliches System der
Moral zu Stande kommen soll: dort sogar das Zugeständniss, dass ein
solches System aufgestellt werden müsse. Aber es darf ja nur für das
gehalten werden, was es einzig sein kann: „der Verstand der Sittlichkeit,
durch welchen man sich das Herz derselben nicht aus der Brust reissen
lassen darf. Ich lasse mich nicht befreien von der Abhängigkeit der Liebe,
um allein durch Hochmuth selig zu werden." (III. 40.)

Dies ist kurz der Gegensatz von Jacobi zu Kant auf praktischem
Gebiete, aus dem sich die einzelnen Einwände Jacobi's gegen einzelne
Punkte der Moralphilosophie Kant's entwickeln. Sie richten sich haupt-
sächlich gegen zwei Begriffe des Systems, den der Freiheit und den der
Glückseligkeit, beide finden sich am Schlusse des „Unternehmens".

Was nun zunächst den Freiheitsbegriff angeht, so ist auffällig, dass
Jacobi einzig und allein die Ausführungen im Anfange der „Religion innerhalb
d. Grenz." vor Augen hat, ohne die dort gegebnen Bestimmungen mit den
übrigen sittlichen Ansichten Kant's in Beziehung zu setzen. Aber auch
in dieser einseitigen Beschränkung müssen wir noch tadeln, dass er nicht
versucht die dort gegebnen Bestimmungen in ihren leicht zu entdeckenden
inneren Beziehungen zu verstehen, sondern vielmehr in ganz ähnlicher

Weise, wie es früher schon bei andrer Gelegenheit charakterisirt wurde, als ein übelwollender Ankläger an die einzelnen Sätze herantritt, um Widersprüche aus ihnen herauszuklauben, die bei Berücksichtigung der Grundansichten des Verfassers sofort als unmöglich sich zeigen würden, und die bei einer Beziehung jener Stellen auf einander leicht in Nichts verschwinden. Nicht anders nämlich scheint mir der Widerspruch beurtheilt werden zu müssen, den Jacobi zwischen zwei Stellen im ersten Abschnitte jenes Buches findet.

Kant sagt (Kirchm. p. 25), dass die Freiheit der Willkür durch keine Triebfeder zu einer Handlung bestimmt werden kann, als nur sofern der Mensch sie in seine Maxime aufgenommen hat. In der Anmerkung zu p. 28 aber sagt er, dass unsere Freiheit in der Unabhängigkeit unserer Willkür von der Bestimmung durch alle andern Triebfedern ausser der des Sittengesetzes bestände. Aus einem Vergleiche beider Stellen folgert Jacobi, dass widerspruchsvoll das einemal die Aufnahme der Triebfeder in die Maxime, das andremal das Sittengesetz ohne in die Maxime aufgenommen zu sein bestimmend zu Handlungen sein könne.

Wenn man aber bedenkt, dass in jener Anmerkung Kant's Absicht durchaus nicht war eine Definition der Freiheit aufzustellen, wie es nach Jacobi's etwas umgestelltem Citate den Anschein hat, sondern dass die Unabhängigkeit der Willkür von allen andern Triebfedern ausser dem Sittengesetze in dem Zusammenhange eines Beweises für die mögliche Unterscheidung der Begriffe Vernünftigkeit und Persönlichkeit des Menschen benutzt wird, so dürfte es nicht auffallend sein, dass das Aufgenommensein in die Maxime nach p. 25 in einer gelegentlichen Anmerkung auf p. 28 als selbstverständlich unerwähnt gelassen wird. Ebensowenig auffallend dürfte es sein, wenn nicht ausdrücklich an letzterer Stelle hinzugefügt wird, was aus dem ganzen Zusammenhange ja evident ist, dass nämlich diese alleinige Abhängigkeit vom Sittengesetze nur eine prinzipielle ist, mit der es durchaus nicht streitet, dass realiter die Abweichung von demselben mit in die Maxime aufgenommen werden kann. Dieser letzte Punkt scheint für Jacobi am meisten anstössig zu sein.

Noch mehr aber als dieser Widerspruch erregt Jacobi's Unwillen die Bestimmung der Freiheit als absoluter Willkür. Und wirklich, wenn Kant eine solche absolute Willkür uns unter dem Namen der Freiheit verkauft hätte, so dürfte Jacobi's Unwille nur für gerecht gehalten werden. Ein solches Missverständniss wäre aber nicht möglich gewesen, wenn Jacobi nicht blos einzelne Stellen einer einzelnen Schrift, die in ihrer einseitigen Beziehung auf einen ganz bestimmten Zweck leicht zu falscher Auffassung

führen können, sondern Kant's ganze moralische Weltansicht vor Augen
gehabt hätte. Dann würde er sich der Bestimmungen der Kritik der praktischen Vernunft erinnert haben, aus denen hervorgeht, dass die Freiheit
so wenig eine gesetzlose Willkür ist, dass vielmehr unter dieser Annahme
ein freier Wille ein Unding wäre (VIII, 78 Rosenkr.). Also nicht Aus-
schliessung des Gesetzes überhaupt, sondern nur des Naturgesetzes liegt im
Freiheitsbegriffe Kant's. An die Stelle dieses letzteren, von dem der Wille
des Menschen als freier allerdings unbedingt unabhängig sein muss, tritt das
Sittengesetz, ja ein freier Wille ist nichts anderes als ein Wille unter
sittlichen Gesetzen. Das Getriebensein von Naturursachen ist Heteronomie,
das Gegentheil von Freiheit, deren Wesen vielmehr die Autonomie ist,
d. h. die Eigenschaft des Willens sich selbst Gesetz zu sein.

Die Jacobi'sche Auffassung der Kant'schen Freiheit als einer blinden
Willkür scheint mir im letzten Grunde wieder darauf zu beruhen, dass
rein praktische Bestimmungen in metaphysischem Sinne genommen werden.
Es kommt Kant darauf an zu zeigen, dass der Mensch für seine Handlungen durchaus verantwortlich ist. Der Grund der Verantwortlichkeit liegt
in der eben darum als nothwendig anzunehmenden transcendentalen Freiheit.
Freiheit und Sittengesetz sind Correlatbegriffe. Das Bewusstsein des letzteren giebt uns die Gewissheit der ersteren. Wenn man nun aber von hier
aus weiter schliesst, dass man vor allem sittlichen Handeln, in dem sich
ja, soweit das forschende Auge reicht, nur der gesetzmässige Zusammenhang von Ursache und Wirkung findet, welches also mit anderen Worten
durchaus nach dem Naturgesetze verläuft und keine Freiheit zeigt, einen
Zustand annehmen muss, in dem eine Entscheidung der Willkür und zwar
ohne bestimmenden Grund stattgefunden hat, durch welche das ganze empirische Leben bestimmt wird, so ist das eine mythische Auffassung der
Freiheit in ihrem Verhältnisse zur Nothwendigkeit, die gewiss den wahren
Sinn der Kant'schen Lehre vom Verhältnisse des Intelligiblen zum Empirischen nicht trifft. Für Kant genügt es das Bewusstsein festzustellen,
dass wir für unser sittliches Handeln durchaus verantwortlich sind. Wie
eine solche Verantwortlichkeit metaphysisch zu erklären sei, kann für ihn
von keiner Bedeutung sein, da diese Frage offenbar über das Gebiet des
theoretisch oder praktisch Erreichbaren hinausgeht.

Also das Gebiet des Intelligiblen, das Gebiet der Freiheit, ist nicht
zu denken als ein Zustand, der entweder zeitlich vor, oder parallel laufend
unserem empirischen Leben zu denken ist, sondern als „ein Standpunkt,
den die Vernunft sich genöthigt sieht ausser den Erscheinungen zu nehmen

um sich selbst als praktisch zu denken" (VIII, 93). Der Mensch versetzt sich, sofern er sich als frei denkt, als Glied in die Verstandeswelt.

Das Verhältniss von Jacobi's Ansicht über die Beziehungen von Freiheit und Naturzusammenhang zu der Kant'schen wäre also dies: Beide sind darüber einig, dass das menschliche Dasein beides zeigt, Natur und Freiheit. Beide sind ferner darin einig, dass auf beiden Gebieten nicht schrankenlose Willkür, sondern Regel und Gesetzmässigkeit herrscht. Bei Jacobi aber ist das Feld der Wirksamkeit für beide die Welt der als Ding an sich gedachten Erscheinungen. Dadurch wird das Verhältniss ihres beiderseitigen Wirkens ein durchaus unbestimmtes und unbestimmbares. Wir sind durch seine Weltansicht vor das unklare und unlösbare Problem gestellt, in jedem Falle zu sondern, was von einer Handlung der Naturnothwendigkeit, was der Causalität aus Freiheit zugehört. Kant aber, mit der Auffassung jener beiden Faktoren des sittlichen Lebens als durchaus gesetzmässiger völlig einverstanden, giebt uns ausserdem einen klaren Massstab für die Beurtheilung unseres handelnden Lebens nach jenen Faktoren. Für den betrachtenden Verstand zeigt dasselbe überall und ausschliesslich strenge Naturnothwendigkeit. Für die sittliche Beurtheilungsweise erscheint aber ebendasselbe ebenso voll und ganz auch als unsere eigene freie That, für die wir verantwortlich sind. Frei sind wir, indem wir unser sittliches Handeln nach dem Massstabe des in sich nothwendigen Sittengesetzes beurtheilen. Mit dieser Beurtheilungsweise setzen wir uns über die Welt der Erscheinungen hinweg, fühlen uns als Bürger einer intelligiblen Welt, unabhängig von allem Einflusse der Erscheinungswelt. Es kann wohl nicht die Frage sein, dass Kant's Anschauung die consequentere und wissenschaftlichere ist, während beide in gleicher Weise das sittliche Gefühl in hohem Masse befriedigen.

Doch wie steht es mit der Glückseligkeit im Kant'schen Systeme? Ist es nicht augenfällig, dass Kant sich in einen Widerspruch verwickelt, wenn er dieselbe von den Bestimmungsgründen des menschlichen Handelns absolut ausschliesst und sie doch im Begriffe des höchsten Gutes einen integrirenden Bestandtheil sein lässt? Ist es nicht berechtigt, wenn Jacobi ihm vorwirft, dass nach seiner Lehre der Mensch vor dem Grabe seine Neigungen und Begierden nur unterdrückt, um sie nach demselben nur desto lebhafter wieder zu erwecken?

Dass der Vorwurf in dieser krassen Form Kant's Meinung nicht trifft, konnte selbst Jacobi nicht zweifelhaft sein. Es ist kaum zu rechtfertigen, dass er seinem Einwurfe, um ihn drastischer und eindringlicher zu machen,

4 * *

diese grobsinnliche Form lieh, von der er doch sicher sein musste, dass sie die Ansicht Kant's nicht treu wiedergab. Aber auch wenn wir von der ganz äusserlichen Einkleidung absehen, ist der Einwand in der Form, wie wir ihn bei Jacobi finden, nicht stichhaltig. Derselbe hat nämlich zur Voraussetzung eine Auffassung der Glückseligkeit, die nicht diejenige Kant's ist. Nach Jacobi ist nämlich das Streben nach Glückseligkeit deshalb unsittlich, weil das Objekt desselben, eben die Glückseligkeit, unsittlich ist, während für Kant das Unsittliche doch in der Form des Strebens, nicht in seinem Gegenstande liegt. Kant ist sich von vornherein wohl bewusst, dass glücklich zu sein nothwendig das Verlangen jedes vernünftigen aber endlichen Wesens ist (Kr. d. pr. Vern. Origin. ausg. S. 45): dass wir irgend ein Objekt zum Bestimmungsgrunde unseres Willens machen statt autonom zu handeln, darin besteht die Unsittlichkeit. Ist es aber nur die Form und nicht das Objekt, welches unser Handeln verkehrt macht, so kann es an sich auch keinen Widerspruch enthalten, wenn dies Objekt ein Moment im Begriffe des höchsten Gutes sein soll, dessen Besitz für den Menschen nothwendig ist zur Vollendung der sittlichen Aufgabe. Etwas Unsittliches zum Lohne des sittlichen Strebens zu machen wäre freilich absurd. Aber noch eins ist zu berücksichtigen: Wir müssen uns nämlich darüber klar werden, was denn Kant unter Glückseligkeit versteht, wenn er dieselbe zu einem Bestandtheile des höchsten Gutes macht. Dass es widersinnig wäre, dabei an sinnliche Güter im gewöhnlichen Sinne zu denken, haben wir vorhin schon berührt. Wenn es nicht an sich unmöglich wäre einem Kant solche Ansicht unterzulegen, so genügte der Hinweis auf die Anmerkung zur Folgerung aus Lehrsatz 11 § 3 der Kritik der praktischen Vernunft, in welcher ausführlich dargethan wird, dass der Terminus „sinnlich“ bei ihm auch die reinste intellektuelle Lust umfasst, um eine solche Annahme ein für alle Male zu widerlegen. Glückseligkeit ist bei Kant ein sehr weiter Begriff, der sehr vieles unter sich befasst. Was Kant unter derselben versteht, wenn er sie als Moment des höchsten Gutes denkt, hat er ausdrücklich genug im Beginne der Darlegung des Beweises für das Postulat des Daseins Gottes angegeben: „Sie ist der Zustand eines vernünftigen Wesens in der Welt, dem es im Ganzen seiner Existenz alles nach Wunsch und Willen geht.“ Diese noch ziemlich allgemeinen Worte erhalten ihre nähere Bestimmung durch die unmittelbar folgenden: „und beruhet also auf der Uebereinstimmung der Natur zu seinem ganzen Zwecke, ingleichen zum wesentlichen Bestimmungsgrunde seines Willens.“ Wenn wir also den Gedanken Kant's über das Verhältniss von Glückseligkeit und Tugend nach dieser Definition der ersteren uns klar machen, so würde er ungefähr folgender sein: Um einen nothwendigen und allgemeinen apriorischen Bestimmungsgrund unseres Willens zu erhalten, muss derselbe von aller Beziehung auf das Objekt frei gedacht werden, in der Form des Willens selbst enthalten sein. Damit ist aber über den Werth der Objekte selbst für unsere sittliche Existenz kein Urtheil ausgesprochen, sondern nur behauptet, dass durch jede Rücksicht auf ein Objekt ein empirisches Moment in unser Wollen gebracht wird, welches demselben seine absolute Allgemeinheit und Nothwendigkeit raubt. Es giebt vielmehr ein Objekt unseres Begehrens, welches zur Erreichung unseres Ziels nothwendig gehört, obwohl es um des obengenannten Grundes willen nicht ein Bestimmungsgrund unseres Strebens sein darf. Da das Objekt unseres Begehrens im Allgemeinen die Glückseligkeit ist, so fällt auch dies Objekt unter den Begriff derselben. Dieser Begriff ist aber ein durchaus relativer. Glückseligkeit ist für verschiedene Menschen und für dasselbe Individuum in verschiedenen Stadien seiner Entwicklung etwas sehr Verschiedenes. Für den sittlich sich vollendenden Menschen tritt das grobsinnliche Moment im Begriffe der Glückseligkeit immer mehr zurück. „Dass ihm alles nach Wunsch und Willen geht" wird für ihn immer mehr identisch mit der Forderung einer Naturbeschaffenheit, die mit seinem sittlichen Zwecke in Uebereinstimmung ist. Glückseligkeit in dieser Fassung ist aber jene oberwähnte nothwendige Forderung des sittlichen Menschen. Ein angespanntes Streben mit ungeschwächter Kraft nach dem sittlichen Ziele ist nur möglich unter der Voraussetzung, dass der ganze Naturlauf, von dem wir in Bezug auf den Erfolg unseres sittlichen Handelns durchaus abhängig sind, so geordnet ist, dass er ein zweckentsprechendes Mittel zur Erreichung unserer sittlichen Bestimmung abgiebt. Da das ...

... welt in ihrem Verlaufe von dem sittl... ...

...zig ist, eine durchgän... ...

...wickelnden sittlichen

...seres sittlichen Z...

...elturheber den...

...rechende ein...

Wenn

...urf Jaco...

...it's „C

...

Wir sind am Ziele! Wir haben die ansehnliche Reihe der Jacobi'schen
Einwürfe im Ganzen. in ihrem inneren Zusammenhange und in ihrer psychologischen Begründung, wie auch im Einzelnen an uns vorübergehen lassen
und haben dieselben einer unbefangenen Prüfung zu unterziehen gesucht.
Wir sind im Ganzen wie im Einzelnen zu dem Resultate gelangt, dass
dieselben den Kern der Kant'schen Philosophie nicht treffen.
Wohl mussten wir zugeben, dass Ausdrucks- und Darstellungsweise Kant's
vielfach Anlass bot zu einer Kritik, wie sie Jacobi an ihm geübt hat; aber
wir haben uns zu gleicher Zeit überzeugt, dass bei genauerer, auf das
Ganze der Weltanschauung und der Gedankenzusammenhänge Kant's sich
richtender Prüfung diese Kritik als eine gegenstandslose sich zeigte.

Wenn also H. Fricker in seinem kleinen Buche über die Philosophie
des F. H. Jacobi p. 3 urtheilt, dass die Kant'sche Erkenntnisstheorie wohl
den kräftigsten Gegner an Jacobi fand, „welcher mit Meisterhand das ganze
Luftgebäude in Trümmer gehen liess". so muss uns das als eine ungegrün-
dete. mindestens sehr gewagte und jedenfalls stark übertriebene Behauptung
erscheinen.

Die Zeit selbst hat über diese Meinung ihr Urtheil gesprochen, indem
von der ganzen Zahl der Jacobi'schen Einwände sich nur einer im Bewusstsein der philosophisch Gebildeten lebendig zu erhalten vermocht hat.
Und gerade von diesem glauben wir. trotzdem einzelne bedeutende Stimmen
denselben auch noch in der neuesten Zeit auf den Schild erhoben, dass seine
Unzulänglichkeit von einer besonnenen und unvoreingenommenen Kantkritik
unweigerlich zugegeben werden muss.

Wir huldigen nicht der thörichten Ansicht. dass Kant's System gegen
Hinweis auf die ... en gefeit sei. Wir wissen. dass seine Philosophie so gut
der pra tischen Vernunft, in weren ... ausweden. „ihre heilige Stelle hat, wo das
Terminus asunf ... i hen . ch die reinste intellektig machende Wunder" zum
eine solche Annahme ein für alle Mal zu widerlegen. dass Jacobi's Streiche
bei Kant ein sehr weiter Begriff, der sehr vieles unter sich wenn der Eindruck
Kant unter derselben versteht. wenn er sie als Moment les hör in der Schwäch
denkt. hat er ausdrücklich genug im Begin der Darlegung dess werden muss
für das Postulat des Daseins Gottes ... Sie ist der Zustan
Vernünftigen Wesens in der Welt, dem es im Ganzen seiner Existenz .
nach Wunsch und Willen geht." Diese noch ziemlich allgemeinen Wo.
erhalten ihre nähere Bestimmung durch ... unmittelbar folgenden: und
beruhe also auf der Uebereinstimmung der Natur zu seinem
ganzen Zweck ingleichen zum wesentlichen. Bestimmungs-
gründe seines Willens." Wenn wir also den Gedanken Kant ...
das Verhältniss von Glückseligkeit und Tugend nach dieser Erklär ...